▲ 阿贾克斯青年队，时间约为 1960 年。前排右二为克鲁伊夫。

▼ 1967 年，在荷兰同捷克斯洛伐克的比赛中克鲁伊夫被罚下场。对手整场比赛都对克鲁伊夫下黑脚，主裁判却视而不见。

▲ 1968 年与丹妮喜结连理——家庭在他生命中始终都是第一位的。

▲ 1968 年同丹妮和岳父母在一起。克鲁伊夫的整个职业生涯，科尔·科斯特一直是他的财政顾问。

▲ 1970 年代表阿贾克斯队比赛，全攻全守足球彼时尚未成形。

▼ 1973 年，阿贾克斯队 1 比 0 击败尤文图斯，实现欧洲冠军杯三连冠。荷兰足球成为足球该如何踢的标杆。

▲ 1973 年，克鲁伊夫以创纪录的身价转会巴塞罗那。他刚加盟时，巴塞罗那队还在降级区徘徊，但到了赛季结束，他们 14 年来首次夺得西甲冠军。克鲁伊夫当选那年的欧洲足球先生。

▼ 在巴塞罗那，克鲁伊夫同阿贾克斯队前主帅里努斯·米歇尔斯再度联手，后者被视为全攻全守战术的缔造者之一。克鲁伊夫 1973—1978 年效力于巴塞罗那。

▲ 1974 年世界杯第二阶段复赛，荷兰 2 比 0 战胜巴西的比赛诠释了全攻全守的足球哲学。

▼ 1974 年世界杯决赛，荷兰队开球之后连续 16 脚传递，克鲁伊夫得球后在禁区内被绊倒赢得点球，荷兰队 1 比 0 先声夺人，但联邦德国队最终 2 比 1 赢下决赛。

▲ 1978 年 11 月，克鲁伊夫在阿贾克斯同欧洲足坛挥手告别，32 岁的他前往美国开启全新生活。他共 3 次荣膺欧洲足球先生，在里奥内尔・梅西之前是得奖次数最多的球员之一。

▲ 1978 年，克鲁伊夫投资养猪场遭到灾难性失败，险些赔光家底。之后，克鲁伊夫同洛杉矶阿兹特克队签约，在美国重新开始足球生涯。图为他跟贝利和站在身后的弗兰茨 · 贝肯鲍尔在一起。

▼ 克鲁伊夫从洛杉矶阿兹特克转会到华盛顿外交官队，在那里，他萌生了创办克鲁伊夫基金会的想法。图中，他正在俱乐部的足球学校指导一个小男孩踢球。

▲ 1981 年，在西班牙同孩子们——苏西拉、约尔迪和尚塔尔在一起。

▲ 1985 年，克鲁伊夫以教练身份重回阿贾克斯。“其他时候，我只是坐在球上，在场边观察。有人说我太懒，也许是这样，但是如果我静静地坐着，我能比走来走去看到更多东西。那样坐着，我可以更好地分析某名球员，细节也能看得更真切。对于很多细节，99% 的人都不了解，看不到或者看不懂。”

▲ 1987 年，克鲁伊夫追随恩师里努斯 · 米歇尔斯的脚步，赢得了执教阿贾克斯后的第一个洲际大赛冠军——欧洲优胜者杯，他们在决赛中 1 比 0 击败了民主德国的莱比锡火车头队。

◀ 1988 年，克鲁伊夫同儿子约尔迪合照，此时距离他辞去阿贾克斯主教练职位仅过去了几分钟。他在阿贾克斯期间确立的足球哲学成了他的代名词。

▼ 1988 年，克鲁伊夫被任命为巴塞罗那队主教练，图为他同俱乐部主席努涅斯在一起。1991 年至 1994 年间，克鲁伊夫打造的“梦之队”（阵中包括年轻的佩普·瓜迪奥拉）4 次夺得西甲联赛冠军，并且在 1989 年获得欧洲优胜者杯冠军，1992 年赢得欧洲冠军杯冠军。

▲ 1993 年 5 月，克鲁伊夫同罗纳德 · 科曼一起庆祝西甲联赛夺冠。

▼ 在巴塞罗那队，年轻的约尔迪 · 克鲁伊夫在父亲帐下效力。1996 年克鲁伊夫被炒之后，约尔迪转会曼联，师从亚历克斯 · 弗格森爵士。

▲▼ 克鲁伊夫在 1991 年接受了心脏手术，从此戒掉了吸烟这个毕生所好，用棒棒糖取代了香烟。后来他说：“足球给了我生活的全部，但香烟几乎带走了一切。”

▶ 图为同莱奥·本哈克和路易斯·范加尔（前景下方）在一起。离开教练席后，克鲁伊夫与阿贾克斯俱乐部管理层之间的瓜葛从未远离报纸头版。

▼ 克鲁伊夫基金会的创办初衷是给残疾及弱势儿童提供参与体育的机会，它成了克鲁伊夫告别足坛之后的激情所在。

▲ 2011 年 3 月 30 日，丹尼斯・博格坎普、约翰・克鲁伊夫及维姆・琼克三位前阿贾克斯球员在阿姆斯特丹竞技场。由于俱乐部管理层同克鲁伊夫之间存在分歧，在这家来自阿姆斯特丹的足球俱乐部的会员委员会特别会议上，阿贾克斯董事会集体辞职。

▼ 在同肺癌短暂斗争之后，约翰・克鲁伊夫于 2016 年 3 月去世。几天之后进行的荷兰同法国队的友谊赛，比赛踢到第 14 分钟时暂停，以此向他表示致敬。

JOHAN
CRUYFF
MY
TURN

[荷] 约翰·克鲁伊夫 —— 著　陈文江 —— 译

克鲁伊夫自传

我 的 转 身

金城出版社
GOLD WALL PRESS
中国 · 北京

图书在版编目（CIP）数据

我的转身：克鲁伊夫自传 /（荷）约翰 · 克鲁伊夫
著；陈文江译 . —北京：金城出版社，2019.5
书名原文：My Turn
ISBN 978-7-5155-1848-0

Ⅰ . ①我… Ⅱ . ①约… ②陈… Ⅲ . ①约翰 · 克鲁伊
夫－自传 Ⅳ . ① K835.635.47

中国版本图书馆 CIP 数据核字 (2019) 第 067058 号

MY TURN
by Johan Cruyff

This edition first published 2016 by Macmillan, an imprint of Pan Macmillan, a division of Macmillan Publishers International Limited

我的转身：克鲁伊夫自传

作　　者	[荷] 约翰 · 克鲁伊夫
译　　者	陈文江
责任编辑	李铁武
开　　本	710毫米×1000毫米 1/16
印　　张	17
字　　数	205千字
版　　次	2019年5月第1版
印　　次	2019年5月第1次印刷
印　　刷	三河市百盛印装有限公司
书　　号	ISBN 978-7-5155-1848-0
定　　价	59.80元

出版发行	金城出版社 北京市朝阳区利泽东二路3号 邮编：100102
发 行 部	（010）84254364
编 辑 部	（010）64391966
总 编 室	（010）64228516
网　　址	http://www.jccb.com.cn
电子邮箱	jinchengchuban@163.com
法律顾问	北京市安理律师事务所 18911105819

目录

译者序

我现在仍清晰地记得2016年3月24日的那个晚上，大概在20点40分，克鲁伊夫病逝的消息瞬间刷屏。一代球圣，这次的转身，是永别。

随即，《天下足球》节目组的微信工作群里，大家第一时间展开了讨论。一位对世界足坛有着深远影响的巨匠离世，接下来一期的《天下足球》显然要有所动作，而且还得是大动作。

那是个星期四，意味着距离下周一晚的节目播出只剩下了三天半的时间，制作压力摆在眼前。不过，对《天下足球》团队来说，操作球星的选题已是驾轻就熟，这期特别节目的整体架构很快达成一致。

选择主题音乐时，我脑海中第一时间浮现出的是那首经典民谣《文森特》（*Vincent*）。美国民谣歌手唐·麦克莱恩创作于1971年的这首歌是向荷兰绘画大师文森特·梵高致敬，他用极尽华丽的歌词赞美梵高的画作，正如赞美克鲁伊夫脚下演绎出的那美轮美奂的足球，《文森特》唯美中透着淡淡忧伤的曲调同这期节目的主题十分契合。

某种程度上来说，克鲁伊夫和梵高有着共通之处，两人都是荷兰的国家名片，是各自领域的巨擘天才，都给世人留下了丰富的精神财富，但他们也是绝对的理想主义者，性格固执偏激，有时甚至被人曲解。在这本自传中，克鲁伊夫也自比梵高，他坦承自己所做的一切并非总能被理解，但“无所谓了，梵高也不被人理解”。

确定特别节目的名称则颇费了一番心思，最终是在克鲁伊夫标志性的14号上做了文章，借用14的谐音“一世”，确定为《14（一世）传奇》。14这个普通的号码因克鲁伊夫而伟大，球圣还将自己的毕生经验归纳出“14条法则”，希望为后人树立标准，就连这本自传也不多不少，刚好14个篇章。

翻译的过程，也是同球圣跨时空对话的过程，感悟大师的足球哲学，体味先贤的远见卓识。那个穿梭阿姆斯特丹街头踢球的清瘦男孩，那个腾空而起攻破巴西队球门的橙衣飞人，那个身着米色长摆风衣烟不离手的红蓝主帅，那个同俱乐部董事会据理力争的倔强老爷子，恍惚间都会跃然纸上。

这本书处处闪现着克鲁伊夫的足球智慧，金句频出，平实的语言蕴含着发人深思的哲理。论及足球理念，他说“踢足球很简单，但踢简单的足球是最复杂的事情”；谈到战术体系，他说“前锋是第一名后卫，门将是第一名前锋”；恪守不美丽毋宁死的原则，他说“假如你会被车撞死，那最好让一辆劳斯莱斯来”。这些颠覆传统的思维，异于常人，让人久久回味。

克鲁伊夫只参加过一届世界杯且与冠军失之交臂，但这丝毫不影响人们对其历史地位的评价，在史上最伟大球星的各种排行榜单中，他从未跌出过TOP5。克鲁伊夫的伟大不只在于竞技层面，更在于他以独特的观念重新定义了现代足球，重塑了足球的未来，他为巴萨种下的美丽足球的种子已孕育出累累硕果。

瓜迪奥拉是克鲁伊夫众多门徒中最成功的一个，也是克鲁伊夫主义最坚定的拥护者和践行者。每每谈及恩师，他都会表达出由衷的景仰，他说当初在克鲁伊夫手下效力，就像每天去上学，汲取无尽营养。

虽说被尊为巴萨教父，后来也定居在巴塞罗那，但克鲁伊夫对于阿贾克斯及荷兰足球始终一往情深，他为阿贾克斯队近些年的沉沦倍感失望，甚至悲愤地发出过“阿贾克斯已死”的呐喊。书中，他用很大篇幅详尽叙述了自己同阿贾克斯管理层的斗争，过程充满了愤怒和无奈。

不过，如今的阿贾克斯又涌现出新一批的青年才俊，在欧冠赛场连克皇马、尤文等豪强，荷兰国家队也逐渐走出连续无缘大赛的深渊。睹此盛景，球圣的在天之灵想必会感到无比欣慰。

陈文江

2019 年 4 月 25 日

自序

我这人没拿过大学文凭，毕生所学都来自人生阅历。我 12 岁那年，父亲去世，从那以后，我的人生就与阿贾克斯息息相关。首先是继父，他是俱乐部的球场管理员，其后是教练雅尼 · 范德费恩和里努斯 · 米歇尔斯。感谢阿贾克斯，我不仅学会了如何成为一名优秀的球员，同时也掌握了为人处世之道。

从岳父身上，我学到了一些生意经。在我刚起步的时候，世界上还没有足球运动员听说过市场营销的概念，处理商务完全是个新鲜事物。但是，有人走进我的生活，帮着打理这类事情，也让我逐渐熟悉起来。之前只要我认为自己可以搞定什么事的时候，保准立马就会出岔子。但没关系，这都是生活的一部分，归根结底，最重要的是你是否学会了吃一堑长一智。

我想要强调的是家庭的重要性，这不仅仅包括我的父母、岳父母、太太、儿女们和孙子孙女们，还包括在我人生中内心极为脆弱的阶段，在阿贾克斯对我伸出援助之手的所有人。所以对我来说，阿贾克斯同样是我的家。家庭也定义了日后的我。涉及足球方面，我这人有个缺点，凡事都争强好胜。无论是做球员还是当教练时，我都无法接受在低水准下做事。我一心只想着一个方向：尽最大可能向上。那也是最后我不得不停下来的原因。要想保持顶级水准，你必须具备足够好的身体条件，但我已是有心无力。这一旦成了既成事实，你就没有资格继续留在场上了。不过，好在我精神状态不错，于是执起了教鞭。

我最想表达的是，我的一生始终都是为了把事情做到更好，力求日臻完善，这渗透到了我所做的一切事情当中。

约翰·克鲁伊夫

2016 年 3 月

1

阿贾克斯，第二个家

我做的每件事都着眼于未来，执着于如何进步，也就是说我不会过分纠结于过去的事情。对我来说，这再正常不过。有关我参加过的比赛中的细节，其他人写得比我要好，而我感兴趣的是足球理念。始终向前看意味着我不管做什么，都可以专注于如何提升自己，只有在我想判断一下能从错误中学到什么时，我才会真的回看过去。你可以从生活的方方面面吸取到很多经验教训，这些只有在事后，你才能看出它们之间的关联。因此，在我一路前行之时，我从不会以直线思维看待已经发生的事情。在我球员时代的所学当中，有四样东西是重中之重：优质的草皮、干净的更衣室、自己清洁球鞋的球员以及牢固的球网。

其他所有事情——技术和速度、技巧和进球，都在其次。这一哲学可以阐释我对足球和生活的态度，我将其视为自己的行为准则。不管是球场上的全攻全守足球、我的家庭，还是克鲁伊夫基金会，所有的一切始终都跟进步有关，永不满足于现状。

从一开始，足球就是我的生命。我父母在阿姆斯特丹的贝通多普区开了一家果蔬店，距离阿贾克斯队的德米尔球场只有几百米远，所以，这是必然的结果。父亲从未错过任何一场阿贾克斯的比赛，尽管我的足球天赋并非遗传自父亲，但他的确将他对俱乐部无条件的爱传承给了我。事实上，我的足球天赋源自哪里是个谜。很显然，我不是从父亲或祖父那里学来的，因为我从未见过他们踢过球。母亲的兄弟，也就是我的舅舅赫里特·德拉耶尔倒确实为阿贾克斯一线队踢过几场比赛，出任左边锋，但那是在20世纪50年代，阿贾克斯在欧洲足坛还寂寂无闻。

父亲跟我讲过一些球员的故事，比如阿尔弗雷多·迪斯蒂法诺，他对于如何利用球场空间有着极为透彻的理解。还有法斯·威尔克斯，他是一位现象级的盘球大师，可以从中场开始一路带球过掉四五个对手。不可思议。威尔克斯最初效力于鹿特丹薛西斯队，后来在国际米兰、都灵和巴伦西亚踢过球，在他职业生涯的末期又回到了荷兰。正是在那个时候，我意识到了一个荷兰人能在球场上达到怎样的成就。但当时我们没有电视机，国外俱乐部的比赛很少能看到，所以，在他球员生涯的大部分时期，我只是偶尔见过他踢球。至于迪斯蒂法诺，直到1962年他代表皇家马德里到阿姆斯特丹参加欧洲冠军杯决赛，我才有机会亲眼看到他。

对我而言，一切都始于街头巷尾。我居住的片区有个别称叫“混凝土之乡”，它是第一次世界大战之后推行的一种低造价住宅的试验区，居民都是工人阶层。我们小孩子只要有时间都不在家里待着，从我记事时起，我们就在任何可能的地方踢球。正是在这里，我学会了思考该怎样将劣势转化为优势。你看，马路牙子实际上并不碍事，你可以把它当作队友跟它来个二过一。所以，要感谢马路牙子，它使我得以磨炼自己的技术。当皮球以各种奇怪的角度反弹回来时，你不得不迅速做出反应。在我整个职业生涯中，人们经常惊讶于我可以在他们预想不到的角度射门或传球，那是因为我就是这样从小踢到大的。在平衡性方面同样如此。摔在水泥地上会很疼，你当然不想让自己受伤。所以，踢球的时候，你都会尽量避免让自己摔倒。像这样踢球你会大受裨益，当你每时每刻都得适应周边环境，那教会了我作为球员的一些技巧。我之所以极力倡导年轻人不要穿钉鞋踢球，就是这个原因。他们会错过像我那样的街巷时光，以及练习怎样防止摔跤的经历。给他们平底鞋吧，这能帮助他们更好地保持平衡。

我的家庭生活相当清贫，但我毫不在意。我生长在一个很温馨的家庭，我跟哥哥亨尼睡一间屋，他比我大两岁半。当你还很小的时候，这个年龄差算是很大的。但我一有时间就在外面踢球，所以他有他的生活，而我有我的。

我是父母基因的最佳混合体。我善于社交的一面遗传自母亲，而我的狡猾则来自父亲，因为我绝对是个狡猾的人。同父亲马努斯一样，我随时都在留心什么对自己最为有利。父亲是个整蛊高手。他有一只玻璃假眼，便跟人打赌五分钱，看谁能盯着太阳看的时间更长。他用手挡住那只好眼，看了太阳一分钟，把钱赢走了。母亲内尔很会跟人打交道。对她来说，一切都是围着家转。她有九个兄弟姐妹，所以我除了有九个舅舅和姨妈之外，还有很多表亲。这样最大的好处是，不管碰到什么棘手的事，总有人能帮上你。他们当中有人懂得怎样生火炉取暖，有人擅长画画，所以当你遇上麻烦时，你总能知道该敲谁的门。但是，涉及足球方面，我就只能靠自己了——我对足球的兴趣看起来远远超过了他们。

我在阿姆斯特丹的格伦·范普林斯特勒学校上学，那是一家基督学校，然而我从小并没有受到基督教的灌输，家附近也有世俗学校。我唯一一次进入教堂还是帮父亲送货，我问父亲为什么我上学时必须在书包里放一本《圣经》，他说：“约翰，他们那里讲的故事都很有益。我这样给你提供尽可能多的知识，日后你可以自己决定怎么用。”

即使在学校里，我也总想着踢球，在我很小的年纪，人们很快就知道了我是一个离不开足球的男孩。我每天都随身带着球进教室，把它放到课桌底下，整堂课都在用双脚来回踢。老师有时候会罚我出去，因为我闹出的动静实在太大了。我完全是本能地在做，甚至没有意识到自己一直不停地左右脚传球。除此之外，我的学生时代真没有太多回忆了，但我清清楚楚地记得，我上学时从未旷过课。尽管对学习兴趣不大，但我知道，这是我必须做的事情，所以我一直坚持着，直到可以自己拿主意的年龄，我决定不用再上学了。

与此相反，我还记得自己第一次去阿贾克斯的场景，清晰得仿佛就在昨日。我想那是1952年，我大概5岁。父亲问我想不想和他一起去给伤病中的球员送几筐水果，于是，我骑上自行车，跟着他前往俱乐部。以前仅仅是坐在看台上，现在却能第一次走进它的大门，这让我激动不已。也是在那天，我见到了父亲的朋友亨克·安格尔，他是那里的球场管理员。亨克问我是否愿意帮他搭把手，我第二天立马就去了。就这样，在5岁的年纪，我的阿贾克斯人生便开始了。回想起童年，满满的都是温情，不管是在家里，还是在阿贾克斯，除了爱，我一无所知。多亏了亨克叔叔，我才有机会经常待在俱乐部里，在草皮刚刚铺好或者冬天无法进行比赛时，他让我在球场内干各种杂活。作为奖励，我被允许在大厅或者主看台上踢球。暑假的时候，我还去阿伦德·范德韦尔家里玩，他之前是阿贾克斯的前锋，也是我们家的好朋友。他刚刚从阿贾克斯转会去恩斯赫德体育俱乐部，在乡下过着怡然自得的生活。在那里，我人生中第一次学习开车，我大概七八岁的样子，坐在阿伦德的腿上操控方向盘。同样是在恩斯赫德体育俱乐部，我见到了阿贝·伦斯特拉，一位才华横溢的前锋，刚从海伦芬队转来。在那个年代，他可是一位超级偶像。有次他训练时，我甚至还跟他踢了几脚球，那种经历太特别了。不过，对于阿贝，我印象最深的是他总是随身带着一只足球。

早年间，我经常见到亨克叔叔，尤其是在他妻子去世之后，他经常来我家吃饭。在饭桌上，我屏住呼吸，倾听他讲述阿贾克斯的事情。也是在这段时间，在我还是个孩子的时候，阿伦德·范德韦尔也来跟我们一起吃饭。彼时，他还是一个跻身首发阵容的年轻球员，住在阿姆斯特丹北区，路程很远，他如果下班后先回家再赶往俱乐部参加晚上的训练，那就来不及了，所以他也来我家里吃。就这样，从很小的年纪起，我不仅把所有的空闲时间都泡在阿贾克斯球场里，而且在家里同样有俱乐部的存在。这要感谢亨克叔叔（即使在我父亲去世，他娶了我妈妈之后，我们依然这么称呼他）和阿伦德，在5岁的年龄，我就了解了阿贾克斯从更衣室到首发阵容的一切。我坐在那里，日复一日地听他们聊天，像一块海绵一样尽数吸收。

等年龄再大些，我就开始自己到处跑，跟小伙伴们在街上踢球，从那时起，阿贾克斯球场就成了我的第二个家。我一有空就去那里，而且离开家门时必定带上足球。从我5岁在球场帮亨克叔叔干活开始，我还总是随身带着我的球鞋。球队在训练或踢对抗赛的时候，说不好哪天正好缺个人手，而我总是很幸运。不过，通常情况下只是因为他们同情我。我瘦成皮包骨头，看上去像只虾米，他们怜惜我。这就意味着，尽管我没有道理在那儿，而且我连梯队的小球员都不是，但我却能在很小的年纪便同阿贾克斯成年队踢球。

你可以化劣势为优势——这是我始终坚信并试图传递的理念，比如我瘦弱的身形，这就是一个例证。

我经常被问，作为球员我印象最深的记忆是什么。说老实话，很多细节我都忘了，比如说我成为职业球员后为阿贾克斯在主场打进的第一球，就连这种事我也记不清了。但是，有件事我却记得，而且还尤为清晰，那就是我第一次在座无虚席的球场被允许踏上草皮，不是作为球员，而是用一把干草叉给球门前的区域松土。我那时大概有 8 岁，父亲还健在，我甚至不在工作人员名册上，但我却在满场观众面前走上了草皮，帮助一线队做好充分的准备。这种事你是永远都不会忘的。当把叉子插进草皮的时候，我感受到了一种责任，要为我的英雄们创造最完美的比赛场地。作为一辈子踢球、做教练、观摩比赛和思考足球的人，我确信早期的这种维护设施、了解规范重要性的经历，塑造了日后的我。我在结束球员以及教练生涯之后，创办了克鲁伊夫基金会，给孩子们创造踢球的机会。我们制定了 14 条必须遵守的准则，其中第二条是关于责任以及尊重场地和人的，那都源于我人生的这段经历。我已经说过，我的毕生经验都是在阿贾克斯学到的。

尽管我学习成绩平平，但我从小就对数字十分敏感。我很喜欢算术占卜，比如说，我同丹妮是在 12 月的第二天结的婚，2 加 12 就是我的球衣号码 14。那一年是 1968 年，6 加 8 也是 14，难怪我们能一起生活 48 年，我们绝对称得上神仙眷侣。在我儿子约尔迪的身上同样适用，他生于 1974 年，而我生于 1947 年，后面两个数字相加都是 11。他的生日是 2 月 9 日，我的是 4 月 25 日，2 加 9 以及 4 加 2 加 5 都等于 11。

我甚至是记电话号码的高手，朋友们只需跟我说一遍他们的号码，我就牢牢记住了。或许这也是我擅长心算的原因。这不是在学校里学的，而是在我父母的果蔬店。当父亲外出送货、母亲忙于做饭时，招呼顾客的任务就落在了我头上。不过我个子太矮，还够不到收款箱，于是开始学着心算。我在这方面从小就很拿手，我想那应该是我迷恋数字的开始。我同样认为，由于我对数字的偏爱以及喜欢思考事物的内在因素，这在一定程度上使我更多地用数字思维来思考足球——如何压制住对手，如何更好地利用空间，就像迪斯蒂法诺做的那样。所以说，父母虽没有传给我足球技巧，但却给了我一种不同的思考足球的方式。

在球员必须接受的体能训练方面，我向来对越野跑还有在健身房不得不练的实心球深恶痛绝。我在阿贾克斯一线队时，每次里努斯·米歇尔斯带我们去森林跑步，我都尽量跑到最前面，然后找棵树躲起来，等着球队折返回来，同时寄望于途中没人清点人数。这一招适用了一段时间，最后还是被米歇尔斯识破了。作为惩罚，在休息日的早上8点，我不得不沿着林中小路继续跑步训练。米歇尔斯开车准时赶到，他穿着睡衣坐在驾驶座上，摇下车窗冲我说："这天气对我来说太冷了，我得回去睡个回笼觉。"说完他扬长而去，让我丢尽了面子。

1957年，我在10岁时正式加入了阿贾克斯青训体系。那时的我骨瘦如柴，假如我是在今天签约的话，我相信他们一定会让我在日常进行各种体能训练。好在我当时什么都不用练，否则的话我肯定烦透了。我顶多是让母亲多给我做些四季豆和菠菜吃，因为它们可以补铁。至于其他的，我现在做的跟平时没什么两样，把所有的空闲时间都用在了踢球上，要么是在俱乐部，要么是跟伙伴们在街上。对我来说，重要的不仅仅是踢球，更要享受其中。

后来，我在阿贾克斯执教弗兰克·里杰卡尔德时有过类似的经历，他在越野跑圈训练时总是假装停下来咳嗽一阵。球员们跑圈通常被分成两组，一组在前，一组在后。他先加入第二组，然后停下来咳嗽，让队友继续跑，等第一组跑到第二圈时，他又混到第一组当中。通过这个办法，他每次能让自己比其他人少跑一圈。其他教练都没注意，但被我察觉了，我只是看着乐，并没有点破。不过我后来还是告诉了他，同时也好好地笑了他一番。我喜欢这种狡猾，这主要得感谢父亲，当然，母亲的基因在我身上也很强大。再之后跟丹妮拍拖时，我有时乐不思归，希望能跟她多待一会儿，这就会超出米歇尔斯规定的最晚归家时间。晚上，他总是开着车在阿姆斯特丹四处巡视，检查我们球员的车是不是准点停回了家门口。我曾经借用继父的车开，而把自己的车留在家里。米歇尔斯对我的举动起了疑心，扬言第二天要罚我款。我当时还在家里住，便对他说："你打电话给我母亲，我在家里呢。"他果真打了，母亲配合得相当完美，米歇尔斯不得不收回对我的威胁，事后我跟母亲都乐翻了。

我 12 岁进入阿贾克斯青年队时，雅尼·范德费恩不仅仅教我踢球，还引导我的行为规范和价值观。他告诉我，要选定一条路，然后坚持走下去，在阿贾克斯，他是第一个教我这么做的人。他也是另一个佐证，那就是阿贾克斯的生活弥补了一些我在学校学不到的东西。雅尼只执教过青年队，但他在同杰克·雷诺兹共事的过程中汲取了后者的理念，并应用到我们身上。雷诺兹是一位有远见卓识的英国人，20 世纪 40 年代担任阿贾克斯一线队主教练时，为日后的全攻全守足球奠定了理论基础。是雅尼教会了我们在比赛中要敢于试错，通过这种训练，我们在比赛中可以变得更有创造力。从米歇尔斯身上我们学会了自律，但是从雅尼身上，我们收获了快乐。当我自己从教之后，我把这种观念移植到了巴塞罗那。我不厌其烦地讲过，如果你是足球从业人员，它不是工作。你必须刻苦训练，但也得享受其中的乐趣。

在青年队期间，我的教练包括维克·白金汉（米歇尔斯之前的一线队主教练）和凯斯·斯珀吉翁（也曾执教过一线队一个赛季），最重要的是雅尼·范德费恩，他是青年队的主教练。范德费恩始终坚持极具针对性的训练，五项基本功是其中的核心。足球比赛都是围绕这五项基本功发展变化的：射门、头球、盘带、传球、控球，所以我们总是球不离脚。这种训练方式也一直是我认同的标准，它让我悟到了极易即极难的道理，因而，我将一脚出球视为技术的最高境界。但要想做到完美的一脚出球，你需要在训练中触球成千上万次，这正是我们下功夫苦练的。这是阿贾克斯足球学校的理念，它持续不断地培养出技术上出类拔萃的世界顶尖球员。那种看似简单的技术训练对此功不可没，这多亏了像范德费恩这样的人。

但他并不是唯一的一个。对于维克·白金汉，我另有感激之情，日后他在我17岁时第一次派我在一线队出场。他有两个跟我年龄相仿的儿子，他们对阿姆斯特丹还不是很熟悉。因为母亲帮白金汉家里做保洁，所以我经常去他们家玩。我的英语就是这么学来的，不是在学校里，而是通过跟白金汉一家平时的谈天。这就是阿贾克斯的处事方式——照顾球队中的小孩子，保证他们言行得体。在球员方面，当我进入一线队之后，皮埃特·凯泽尔对我关照有加。他大我将近4岁，在我入队时，他已经代表一线队踢了三个赛季。彼时，阿贾克斯刚刚开始为球员提供职业合同，皮埃特是收到合同的第一人，我是第二个。我注意到皮埃特很在意我，比如说，他总是确保我晚上9点半已经回家，这样我就能免于米歇尔斯的罚款或其他惩罚。

是白金汉给了我一线队的位置，不过在1965年米歇尔斯接手球队后，我跟他建立了非同寻常的关系。俱乐部的管理体系在当时是完全业余的，米歇尔斯会为球员出头，保障他们的利益。他来的时候，我们在联赛的排名接近垫底，他尽量保护我们不受场外事情的干扰，保证我们把全部的注意力都放到足球当中，对比赛考虑得更清楚一些，是他把阿贾克斯打造成了一支顶尖强队。我们在阿贾克斯形成的密切关系很难用语言来描述，因为在俱乐部之外，他成了我生活的一部分。多年以后，我有了自己的孩子，他装扮成圣诞老人来我家参加孩子们的派对。我女儿尚塔尔认出了他，她说的什么仿佛还在我耳边回响："嘿，你根本不是圣诞老人，你是里努斯伯伯。"

米歇尔斯开始执教球队那年我18岁，是队内最年轻的，但他常把我拉到一边跟我讲技战术。其他球员从没有过这种待遇，我们之间的关系就是在这些交流中建立起来的。我们讨论着应该做些什么，才能使球队变得更为强大。我后来意识到，正是在这样的对话过程中，我们逐渐形成了20世纪60年代阿贾克斯独有的战术理念，而其他俱乐部还只是按部就班地因循着自己惯常的打法。他跟我阐释他想怎样排兵布阵，当场上战局不利时又该如何应对。亨克·安格尔、阿伦德·范德韦尔、雅尼·范德费恩、里努斯·米歇尔斯、皮埃特·凯泽尔，还有很多其他人共同塑造了我最终的人格，在球场之外，在我人生的重要时刻，他们同样会竭尽全力地帮我。不过，我生病的时候，都是米歇尔斯开车把我送往医院，因为在父亲过世之后，我们家就没有车用了。再后来，我跟米歇尔斯之间也发生过一些不愉快，但这永远不会破坏这个人在我心目中的形象。在我年轻的时候，当我需要他时，他都是有求必应。

我父亲是1959年去世的，那一年他45岁，我12岁。那天我正好小学毕业，我在参加学校的告别会时得知了这一噩耗。从那以后，阿贾克斯在我生活中扮演了更为重要的角色，因为在家里我再也没有父亲可以相依了。是心脏病夺走了父亲的生命，因为他的胆固醇实在太高了。我自始至终都没有从父亲的离世中走出来，随着年龄的增长，我越来越强烈地感觉到，我们父子俩会同命同归。很长一段时间，我都认为自己活不过50岁，所以，在巴塞罗那执教期间，我跟父亲差不多在同样年纪患上心脏病之后，我一点儿也不觉得意外，因为我多少已有心理准备。不过有一个很大的不同，那就是30年过去了，医疗技术足可以救我的命。

我父母都葬在了阿姆斯特丹东边的公墓，就在老的阿贾克斯球场旁边。父亲入葬后不久，我每次不管是走路、骑车，还是驾车路过墓地，都要跟他说说话。他过世之后的很长一段时间里，我都是这么做的。最开始的时候，我跟他讲学校里的事情，在我为阿贾克斯出场后，我跟他说的大都跟足球有关：裁判有多混蛋，我的球是怎么进的，诸如此类。这么多年来，我们的对话内容时有变化，但从未中断过。每当生活中遇到难以抉择的问题时，我都要来征求他的意见："那么，这件事您怎么看呢，爸爸？"接着第二天早上醒来，我就知道自己该怎么做了。我始终想不出这其中的缘由，但我每次需要做出决定时，他都会在那里，我跟他聊完之后，心里就有了数。

有一段时间，我那会儿大概二十出头，还住在阿姆斯特丹，刚结婚不久，在一线队出场也很稳定。情况看起来都很不错，但当时阿贾克斯队内矛盾重重，这让我焦虑不安，对很多事产生了疑惑，甚至包括父亲冥冥中对我的那些帮助。我不怎么信教，便开始怀疑这究竟是怎么发生的，毕竟没人可以起死回生。于是我给父亲出了点难题，我要他假如在我身边，不管用哪种方式，都让我的手表停下来，以此证明他真的在那里，能够听到我说的话。或许是巧合，第二天早上，我的手表果真停了。我岳父开了家钟表店，那儿的一位钟表匠研究了半天，没发现手表哪儿不对劲儿，很快又让它走了起来。第二天早上，同样的事情发生了，我的手表又停了。我再次来到钟表店，他们还是找不出手表的毛病在哪里。当天晚上，我跟父亲说，我相信他了，他能听到我说的每一句话。第二天，我的手表走得好好的，在那之后再也没停过，我天天都戴着它。

父亲去世后几个月，母亲不得不找个赚钱的营生。由于父亲和亨克叔叔与俱乐部建立起的紧密关系，再加上我整天厮混在俱乐部里，阿贾克斯对我们家给予了照顾。他们做的一件事是给母亲找了个工作，帮阿贾克斯时任英格兰教练家里做保洁，这让我结识了白金汉一家。俱乐部还雇用她清洁球队的更衣室。几年之后，母亲嫁给了亨克叔叔（他成了我的继父），她继续为俱乐部工作，我同阿贾克斯的关系算是完整了。

尽管母亲现在有些收入了，但并没有足够的闲钱供我们外出度假，所以我一整年都泡在德米尔球场里，即便赛季结束后也是。一年四季，我都在那里踢球。足球赛季的夏天休赛期，在阿贾克斯还可以打棒球，我在这方面同样很拿手。作为捕手，我 15 岁之前甚至入选过荷兰国家棒球队。我还担任第一击球员，由于我身形瘦弱目标小，对方投手从没将我三振出局过，他们总是投偏，四记坏球之后，我被直接保送进了一垒。

棒球使我专注于很多细节，后来这在足球中让我受益匪浅。作为捕手，你决定着投手的投球质量，因为他无法观察场内的全局，而你却可以。我学会了在接球之前，必须想清楚自己接下来要把球掷到哪里，换句话说，也就是在你掷球前，你必须对周围的空间以及每名球手的位置了然于胸。从没有足球教练跟我讲过，在接到球之前就得考虑待会儿怎么传，但在我成为职业球员后，我在棒球中掌握的大局意识又被唤醒，这成了我的优势。棒球是典型的那种通过训练可以培养出天才的运动，跟足球有许多共通之处，比如启动速度、滑铲、空间洞察力、下一步动作的预判力等。巴塞罗那队有如回旋曲般的控球、传球训练，遵循的就是同样的原则，这也是他们 Tiki-taka 战术风格的基础。

我很清楚，这些东西让我获益良多，所以后来我继续沉迷于棒球，这就意味着当教练后，我可以把棒球中的很多心得成功地移植到足球当中。同样的道理，凡事要学会有超前思维，这也是棒球教给我的事。而很多时候，你总是忙于在瞬间做出利害攸关的决断。要想成为棒球好手，你需要判断准跑垒员和本垒之间的距离，在跑垒员到达前就已持球在手，准备将其触杀。棒球还让我学到了战术意识——做出正确的决策，利用最合理的战术予以实施。起初，我只是在潜移默化中吸收这些知识，不可能有什么远见卓识，毕竟，我还是个每天醒来只知道与球为伴的毛头小子。直到后来，我才将这些体会整合起来，形成了我对于足球该如何踢的构想。

我 10 岁到 17 岁在阿贾克斯青年队度过了一段美好的时光，因为那时没有什么关乎成败的要事。我正处于积累阶段，还没取得任何成就，每个人都在帮助我变得更好。直到后来当我开始讨论战术时——先是作为球员，之后作为教练——我才意识到自己早年间接触的东西的重要性，才把眼前的事情，比如说同皇家马德里队的一场比赛，跟自己年少时的经历结合起来。而且由于我是在潜意识里吸收一切——始终在观察，在倾听——作为球员，我的成长非常迅速。很长一段时间，我为两支不同的球队踢球，这对我同样有所帮助。即使在1964年11月15日，17岁的我以非门将球员的身份完成阿贾克斯一线队首秀之后，我还在三队继续担任守门员。我很喜欢那么干，而且我守得确实不错。有一年，阿贾克斯队参加欧洲冠军杯，我甚至是替补门将，因为在那个年代，每个队只允许有一名替补球员。

米歇尔斯和雅尼还教导我们要在心理上保持强大。我仍然记得在我十五六岁时，雅尼最初在我身上用的一些心理学小技巧。进入一线队之后，我先后在维克·白金汉和里努斯·米歇尔斯手下踢球，他们同样使用这种心理技巧。范德费恩一定要我先在青年队踢半场球，然后第二天再去一线队做替补，我在一线队有时能得到一些出场时间。这会让我觉得，由于我已经能在一线队踢球，按道理讲我必须是青年队的尖子球员。这形成了我对比赛该如何踢的认识，那就是不管为哪支球队效力，每场比赛我都尽力让自己成为表现最好的球员。有人说我在场上话太多，有人很反感我这么做，让我时刻都要闭上嘴。我每天从早到晚都待在球场里，所以当我获得出场机会后，我丝毫不感到怯场，因为我认识这些球员的时间比我当时年龄的一半都要多。我是一个无忧无虑的孩子，在我生命的前15年，没有什么足球哲学，也没有什么战术分析，踢球纯粹是为了快乐。我完全没有失败的概念，对待任何事情都淡然处之，并且乐享其中。

1965年，在我一线队首秀几个月后，阿贾克斯为我提供了我职业生涯的第一份合同。我之前说过，我仅仅是继皮埃特之后，第二位同阿贾克斯签订全职合同的球员，队内其他球员都还是兼职的。不过在签约后，我还是按自己的方式生活，干的事情也都是杂七杂八的。我大部分时间都花到了在街头踢球，直到认识丹妮之后，我才建了个银行账户，开始做些规划。我签合同时母亲也在场，我们走出办公室之后，我马上就告诉她，以后不要她再打扫球队的更衣室了。我不想让她在自己儿子刚刚搞脏的房间工作。由于没钱买洗衣机，在家里，她还帮我洗了一阵子的球衣，我不得不攒了几个月的钱之后新买了一台。

现如今，假如一名所谓的“明星球员”还需要把脏球衣带回家洗，人们也许会觉得难以想象。但是，那样的经历确实会塑造你的人生。无论是涉及打理自己的球衣、清洁自己的球鞋，还是在做人方面，它都会对你产生影响。后来做了教练，我也试图将这种观念灌输给年轻球员。这其中暗含着一层深意：如果你擦洗自己的球鞋，你就会了解你的鞋钉是哪种类型的，这能帮助你更好地感知身边的环境。作为教练，你同样希望帮自己的球员打下良好的社会基础。假使说这个方法行不通，那么我在阿贾克斯和巴塞罗那执教的时候，我会安排两三名球员打扫更衣室，以此增强他们的责任感。我发现这种行为在足球中非常重要，因为你可以把自己在足球中学到的东西在足球之外付诸实践。不过，我发现这一点时，已是许久之后的事了。尽管我从中也有所得，但是，我不得不把脏球衣拿回家洗的事实，足以说明阿贾克斯的组织工作多么不职业，那是在 1965 年左右，我进入一线队的第二年。

由于我和皮埃特·凯泽尔是仅有的两名职业球员，所以我们只能在晚上才能实现全队合练，其他人都各有各的工作，比如有人开着烟草店。在白天，球场通常情况下只能凑够 7 个人，到了晚上，其他人如果愿意，就会冒出来训练几小时。不过，这种情形没有持续太久，尤其是在 1965 年 1 月里努斯·米歇尔斯接手球队之后——他接替的是结束自己第二段任期的维克·白金汉。

2

他们逼我转投巴萨

最终，阿贾克斯俱乐部的职业发展期持续了9年，从1965年我在荷甲的第一个完整赛季开始，到1974年在慕尼黑进行的世界杯决赛终止。在不到10年的时间里，我们将阿贾克斯从默默无闻带到举世闻名，全攻全守至今仍是世界性话题。人们经常会问一个问题，那就是这种革命是否还有可能发生。我认为是可能的，事实上我非常笃定。20世纪八九十年代的阿贾克斯，最近的巴塞罗那和拜仁慕尼黑，都做出了很好的证明。

天赋、技术和纪律的三重融合，是阿贾克斯实现重大突破的基础。我前面讲过，雅尼·范德费恩和里努斯·米歇尔斯对此居功至伟。范德费恩不仅熏陶我们要热爱足球和俱乐部，而且精心打磨我们的技术。他还很善于发现球场上的小技巧，将之运用到我们的阵地战法训练中。我逐渐认识到足球是一个不断犯错的过程，但要吃一堑长一智，无须有挫败感。球队状况一年好过一年，我也从不回看过去。每场比赛结束后，我脑子里想的早已是下一场比赛了，琢磨着如何才能发挥得更好。在范德费恩之后，我们又在米歇尔斯的调教下进一步提高球技。球队的这种职业化意味着我们在白天就可以实现全队合练，这带来的结果是，球员无论在技术上还是身体上都进步神速。这一目标一旦达成，他接下来就要锤炼我们的心理。很特殊的一点是，我们在听从他的指令时，从没有过被迫服从的感觉。

在阿贾克斯队内，幽默和自黑永远都有空间。我认为这种和谐对于营造团队氛围至关重要。我们清楚自己在做什么，而且是心情愉悦地在做，这往往是最令对手望而生畏的。因为我在很小的年纪就被俱乐部的这种气氛包围，我从未害怕过失败或是为即将到来的比赛感到担忧。从 5 岁起，我每天都泡在德米尔球场里，所以，在升入一线队之后，我对 11 名主力球员都很了解，也就是说，无论从哪方面来讲，从青年队被提拔都不会让我心生畏惧。我就是抱着这种心态对待每场比赛的。除了踢比赛，我唯一感兴趣的事情是讨论我们的战术。在结婚之前，我根本没有考虑过自己的未来，过一天算一天，一个人逍遥自在。我对下一步要做什么不感兴趣。我对足球简直到了痴狂的地步，不管是在青年队、三线队还是一线队，在我看来，比赛都是最重要的事。

这在后来我参加重要比赛时也没有改变多少，包括 1966 年我首次代表荷兰国家队参赛，还有之后我首次参加欧洲冠军杯赛。到了场上，我跟平时一样，该怎么踢还怎么踢。那个时候，米歇尔斯把我比作一块待雕琢的璞玉，他在赛前开小会讨论对手和战术时，总是要我也参加。通过这种方式，他让我刚出道时就树立了团队作战的意识。后来，这个办法也被我用到了马尔科 · 范巴斯滕和佩普 · 瓜迪奥拉等球员身上。它在两个层面上都是行之有效的：既对球队有利，也对涉及的球员有利。

话说回来，作为年轻球员，你当然会犯错。但那是你学习过程的一部分，就像我第一次在比赛中被罚下。那是在 1967 年对阵捷克斯洛伐克，是我为荷兰国家队出战的第二场比赛。从第一声开场哨起，对手就不断地对我下黑脚，但是，来自民主德国的主裁判鲁迪·格罗克纳却视而不见。后来我忍无可忍，问他为什么纵容那些后卫这么做，然而他却警告我闭嘴。过了一会儿，就在裁判眼皮底下，我又被对手狠狠地踢了一脚，而哨声依然没响，于是我再次提出抗议，但是我却被驱逐出场。事后，我又被禁止代表国家队参赛一年。这件事引发了轩然大波。球员在比赛中有没有权利向裁判申诉，人们第一次就这一话题展开讨论，但是我知道，我绝对有权那么做。捷克人一直不停地踢我，想让我无法继续比赛，裁判却置之不理，但到了最后，我在问他为什么不管管时，他却攻击了我。如今，球员和裁判都有责任尽可能地向公众奉献精彩的演出，但在 1967 年时，情况远非如此。裁判就是老大，没人可以质疑他的权威。

尽管在国家队被禁赛，但在阿贾克斯，我还可以继续参赛，只是有些利弊关系需要我们处理好。1965/1966 赛季是我的第一个完整赛季，我们获得了联赛冠军，在 1966/1967 赛季的欧洲冠军杯中，我们第二轮遭遇利物浦队。彼时，利物浦不仅仅是英格兰最好的俱乐部，放眼世界，它也是实力最强的球队之一。尽管一般说来，我不擅长去记过去的比赛和活动，但是，在阿姆斯特丹奥林匹克体育场进行的那场传奇的“大雾之战”，以及在利物浦的安菲尔德球场进行的第二回合比赛，一切都还历历在目。别忘了，英格兰队刚刚夺得世界杯，大家都在谈论他们，利物浦阵中拥有罗恩·耶茨、伊恩·圣约翰、汤米·劳伦斯和彼得·汤普森，这些都是我们久闻其名的顶尖球星。赛前所有人都说我们必输无疑，但在上半场结束时，我们 4 比 0 领先。由于大雾，那场比赛几近被延期——

大家都抱怨能见度太低，但两支球队还是不得不在这种条件下继续比赛。我之所以对两队的这次交手记忆尤深，最主要的原因是在同利物浦的两场比赛中，我们确信自己在技术上完胜对手，米歇尔斯的赛前部署都得到了贯彻。从技术层面来说，英格兰冠军遭到了碾压。在阿姆斯特丹，最终的比分是5比1，我还记得他们的主教练比尔·香克利在赛后说这个结果太反常，回到利物浦他们能7比0拿下。

一周之后，我们实现了另一种突破。站在安菲尔德球场的草皮上，我起了一身的鸡皮疙瘩，不是因为害怕我们的对手，而是因为现场的氛围。最死忠球迷所在的KOP看台声势浩大，他们的歌声响彻全场，安菲尔德实在太震撼了。整个90分钟，我都极为享受，我们也打了一个漂亮仗。尽管是一场2比2的平局，但我们完全掌控了比赛。我为球队晋级下一轮感到高兴的同时，也对安菲尔德留下了深刻的印象，就在那个晚上，我的心被英格兰足球彻底征服。我在顶级联赛刚踢了几个赛季，此前还从未见识过这样的场面——球迷们对于比赛的激情，对自己球队获胜的渴望，这让我憧憬着有一天可以到英格兰踢球。可惜的是，那个梦想没能实现，因为在那个年代，英格兰足球的转会大门还没有向国外球员敞开。直到今天，我仍然认为那是一个巨大的遗憾。

在我们将利物浦踢出局之后，很多人都说我们有机会赢得欧洲冠军杯，但在1/4决赛中，我们却以总比分2比3被布拉格杜克拉队淘汰。虽然很不幸也不公平，我们最后时刻进了一个致命的乌龙球，但它就那么发生了。当然，从中我也有所领悟，因为我们思考和谈论足球的方式，正是通过这种哲学逐步形成的。每场比赛，我们都越踢越好，每场比赛，我们都朝着米歇尔斯给我们明确的方向又迈进一步。我们希望既能赢球，同时还要踢得具有观赏性，让球迷带着愉悦的心情回家。虽说知易行难，但是，击败利物浦表明阿贾克斯正走在正确的道路上。比尔·香克利赛前表示出对我们的不屑，他声称从未听说过阿贾克斯（纽伦堡主教练马克斯·默克尔说得更难听，他竟然说他以为阿贾克斯是一种清洁用品），正因如此，同利物浦的比赛才对我们如此重要。与利物浦队相遇前，我们在世界足坛确实名不见经传，但比赛之后，一切都变了。

接下来的一年，我们很不走运，首轮即抽到了实力强大的皇家马德里，但是，我们将比赛拖入了加时赛，最终仅以一球惜败，由此，我们一步步接近伟大。第二年，也就是1969年，我们更进一步，闯入了欧洲冠军杯决赛当中，但1比4不敌AC米兰。在当时，米歇尔斯引入了六七名新球员。其中，瓦索维奇被安排踢自由人或是清道夫——后卫线的最后一人，他坐镇后防力保安全。后来，霍斯特·布兰肯堡替代了瓦索维奇，因为布兰肯堡更是一名攻击型球员，技术更为出色，而瓦索维奇让球队更强悍。在瓦索维奇面前，你绝不敢乱来。作为一名前锋，你知道要是碰上他，那可就麻烦了。最为重要的是，他不仅身体强壮，同时还意志坚强，来阿贾克斯之前就曾有过欧战经验。这一调整距离全攻全守又近了一步。

之后在1971年，我们第一次赢得了欧洲冠军杯，接下来的两年，我们又蝉联冠军。所以，在6年时间内，阿贾克斯从一支实力平平的球队跃升为世界最佳球队。秘诀是什么？很简单——这是天赋、技术和纪律的结合，即使在米歇尔斯入主之前，我们在阿贾克斯就一直致力于此。这是俱乐部的重要组成部分。米歇尔斯所带来的是在场上布局的重要性，这也是他始终跟我探讨的话题。正是在这个时候，我开始喜欢上了心算，考量如何最大限度地利用场地击败对手。你一旦透彻理解了如何构建一支球队，球场上的各种可能性便会尽在掌握。我们先于其他球队，在阿贾克斯实现了厚积薄发。

比如说，在阿贾克斯，我们的左路被称作华丽派，而右路则是强悍派。右路拥有威姆·苏比尔、约翰·内斯肯斯和斯雅克·斯沃特，你会有很强的安全感；而在拥有路德·克罗尔、格里·穆伦、皮埃特·凯泽尔和我的左路，你永远也想不到会有什么惊喜。所以，我们将技术、战术、表现力和足球风格完美地融合，这给我们带来胜利的同时，也给球迷带来了快乐——我深知这也是自己的重要使命。球迷们工作了一周，等到他们的休息日，我们必须给他们奉献出赏心悦目的足球，同时还要有个好结果。

优秀的球员都是一脚出球，知道如何跑位，这也是荷兰足球的精髓。我常说足球就应该踢得漂亮，要拉开进攻的架势，它必须是一场秀。在阿贾克斯，我们热衷的是技术和战术。几乎每个教练都强调跑位、多跑动以及全力以赴，但我想说的是在场上不用跑太多。足球是用脑子踢的，你必须在合适的时间出现在合适的位置，早一步或晚一步都不行。

回首过去，1974 年世界杯同巴西队的那场比赛，一切都是水到渠成，彼时，米歇尔斯已经接手了国家队。在那之前，没人真正清楚我们水平到底如何，同巴西队的比赛很可能就是那个让你眼前一亮的时刻，也会让你说出“这”就是全攻全守足球。踏上草皮时，我们内心都很紧张，因为我们认为对手还是那支 1970 年世界杯的冠军队。踢了 30 分钟之后，我们心里就有数了，原来我们比他们的技术还要出色。我们尽情展示自己的技术，踢着踢着就意识到，实际上我们完全可以拿下比赛。持之以恒，胜利就是必然结果。第一步是给球迷带来快乐，下一步则是赢球。在当时，我对其重要性并没有真正概念，直到生病之后，我才认识到作为一支球队，我们所做的事情有多么重要。我们取得的成就非比寻常。

从1968年前后开始，我从米歇尔斯那里学到的东西，对我如何理解足球留下了不可磨灭的印记。比如说，他认为防守就是要给对手尽可能少的时间，再比如，当你控制球权时，你要确保自己有足够大的空间，而假如失去球权，你就得压缩对手的空间。事实上，足球中的一切都与距离密切相关。然后就是要在训练中花费成千上万个小时，去打磨实战中的效果。在球场上，我会审视各种选择，不过，我是纯从自己的角度去看。我对过程很感兴趣。假如你对自己的下一步有所预判，你就有机会做到成功。在总结过去的时候，我可以看到我们不断在进步。我知道自己受教有限，我最大的教训来自挫折和失败。该发生的事情发生了，我尽量能从中学到新的东西，接着就让过去翻篇。我从不吃后悔药，即使输了球，当我关上家门，我就会把一切都抛之脑后忘得一干二净。我之所以一向对比赛中的很多细节，甚至自己进过的球都记不清楚，原因就在于此。我总是更注重过程。我分析事情的方式是靠第六感。我不需要回看过去，也不必复盘比赛，就可以知道我们应该怎么做。

到我离开阿贾克斯时，我已经三夺欧洲冠军杯冠军，还在1971年和1972年被评为欧洲足球先生，这当然很好，但说真的，奖杯和奖牌除了给过去留个纪念，还有什么用呢？在我家里的墙上，你看不到任何跟足球有关的元素。当我获得一个奖项，授予我的奖牌就被我丢进了孙子孙女们的玩具箱。足球是一项充满失误的运动。我热衷的是对比赛进行计算、分析，思考如何提高。人们经常问及我们是怎么做的，更衣室里发生了什么，还有我们是怎样发明的全攻全守，但对我来说，这些都不那么重要。我们有了一种本能，队员们在一起踢了很多年，互相知根知底，这才是关键之所在。当然，金钱也是一个因素——虽说我之前曾讲过，我从没见过一袋钱能有本事攻破球门。不过，最根本的理念还是团队精神：无论你是到达或离开球场，还是返回家里，都要表现得像一个团队。

在阿贾克斯的那几年，我们取得了不俗的成绩，同时还踢出了漂亮的足球，但我希望人们记住我，不仅仅只是把我当作一名足球运动员，更是一个时时都在寻求进步的人。举例来说，1971 年我们在温布利大球场击败帕纳辛纳科斯队夺得欧洲冠军杯，但那场比赛踢得并不好，因为我们很多球员在重压之下发挥失常。1972 年同国际米兰的决赛就好多了，我们展现出了全攻全守足球。

很多人都对我在 1969 年同海牙队比赛时的那个进球印象深刻，它被称作“落叶球”。我完全是凭直觉打进的，但人们至今还对它津津乐道，这让我感觉良好。是的，我脚法拿捏得不错，但我当时也没有其他选择。不过，它给观众带来了快乐，我们也赢得了比赛。直到后来，我才意识到这粒进球的重要性以及它产生的影响。当时我在球场左路，我们的后卫大脚将球解围到前场，我用右脚将球往前一抹——球从后场飞过来时，我正忙着绑紧自己的球袜，所以我手里还攥着那根用来绑球袜的带子——我将球射向球门后，皮球急剧旋转，越过门将的头顶坠入球网。就像我说的，那完全是凭借直觉。它跟我之前用过的任何技巧一样，我从没有刻意训练过，当时脑子里就是念头闪过。只是在后来，这个球才变得有意义起来。

在我人生的第一章节，我没有遵循任何信条，只是尽可能多地汲取养分，日子过一天算一天。当然也有一些经历，在日后让我有所领悟，就如同播撒的种子到了收获季节。后来我才体会到，我所做的每件事，其实在很早的时候就已埋下了伏笔。如果说我在球场上顺风顺水的话，那么在球场之外，事情并不尽如人意。在我谈第一份合同时，我是让母亲陪我一起去的。签约完成之后，我却似乎陷入了诸事不顺的境地，尤其是涉及媒体和商务方面，因为仿佛是突然间，事情的推进之快让人猝不及防。我甚至创造了一个纪录，我同丹妮结婚的消息破天荒地登上了报纸的头版。我平时很欢迎媒体的关注，但有时事情做得太过头了。所有的事情我都身陷其中，但在现实当中，我对任何事情都毫无头绪。所以我才会说，科尔·科斯特在我生命中出现就是上帝赐予我的一份礼物。丹妮的父亲是阿姆斯特丹的一名钻石商人，头脑精明。我初次到岳父家登门拜访时，他问我有没有储蓄账户，我老实地回答说没有。事实上，除了足球，我什么都不懂。科尔大惑不解，于是便开始帮我料理事务。

在那之后，我对阿贾克斯俱乐部的人说："就跟他谈吧，他是来帮我的。"起初，他们并不肯这么做。1968 年，距我签订第一份合同的三年后，我第一次带科尔来帮助我谈判。在当时，一名球员不管以何种形式找个代理人，这都算是开了先河，董事会更是瞠目结舌，他们坚持说这里没科尔什么事。我反驳道："你们有 6 个人坐在这里，我怎么就不能找个人替我说话呢？"他们不肯退让，于是我跟科尔扬长而去。后来，他们允许科尔可以代表我谈判。俱乐部对此当然心存芥蒂，不过，科尔最终帮了大忙，受益的不光是我，而是所有的荷兰球员——在当时，球员挂靴之后就不再有任何经济保障，科尔帮助设立了退役金机制。

没过多久，科尔同我之间的合作就变成了他的全职工作。在科尔面前，谁也别想打马虎眼，他也一直替我规避了很多风险。正因如此，2008年他的去世才会让我痛心不已。他在我的一生中至关重要，不论是对球员的我，还是作为一个长辈、岳父、我们孩子的外祖父，抑或简单地作为一个人。

科尔还指引我立足社会之道。他教我的最重要的事是要有自尊，他很清楚自己的职责，那就是以一种特定的方式来培养我。身为知名球员，你实际上走进的是一个不真实的世界，没有一件事是正常的——薪水、媒体曝光度——在这种时候，你的商务经理必须确保自己头脑清楚，绝不能胡子眉毛一把抓。这些年，特别是由于社交媒体的发展，足球运动员要承担的风险与日俱增。很多球员总是强调说他们的追随者（粉丝）众多，但他们自己又有谁可以追随呢？在我看来，谁都没有。这件事其实不难，但却是一个缺憾。在这方面，科尔想得比谁都要明白。不管我是做球员还是做人，他都要保证我走得顺顺当当，毕竟在结束足球生涯之后，我还得照常过日子。不幸的是，现如今，明白这些道理的球员经纪人凤毛麟角。我经常在想，他们到底是为谁的利益服务——球员的利益还是他们自己的生意？再进一步来说，如果一名经纪人真的把全部心思都放到足球上的话，他要关切的不仅是球员的利益，还有俱乐部的利益。这就是说，你要弄清俱乐部能接受的底线是什么，就像我岳父在同阿贾克斯和费耶诺德谈判时做的一样。

以我之见，金钱因素虽在足球中非常重要，但它绝不能喧宾夺主。假如让金钱占据了主导地位，你做的事情就跑偏了。在这个问题上，我以足球史上的伟大球队为例：阿贾克斯、皇家马德里、巴塞罗那、拜仁慕尼黑、AC米兰和曼联，这些俱乐部无一例外，都有一个出自自己青训体系的强大核心，拥有一批深植球队DNA的球员，他们总能给球队带来额外的东西。正因如此，我不明白为什么英超联赛在球员梯队建设方面少有作为。他们挥金如土，但其水平真的就水涨船高了吗？丝毫没有。我可以肯定的是，我们在1965年始创的阿贾克斯模式直到今天依然适用——高质量的训练，强大的领导力，外加天赋、技术和纪律的结合。

1973年，阿贾克斯队所向披靡。在三年的时间里，我们赢得了所有可能赢得的冠军，其中后两年是在没有里努斯·米歇尔斯的情况下获得的——在1971年率领我们首夺欧洲冠军杯之后，他转投了巴塞罗那。接替他出任阿贾克斯主帅的是罗马尼亚人斯特凡·科瓦奇，科瓦奇人不错，但在管理方面过于松散。作为教练来说，假如你不够铁腕，导致的结果就是球队中每人都有自己的一套想法。科瓦奇属于那种鼓励球员发挥个性的教练，他常说："好了，小伙子们，这些是队里的规定。你们想一下，哪些能做哪些不能做，可以各施所长。"开始时运转良好。球员个体主意多了，更衣室内难免会出现观点分歧，不过尽管如此，团队的整体纪律性依然很强。然而在1972年我们第二次获得欧洲冠军杯之后，裂痕开始出现。在我们三次夺冠的决赛中，同国际米兰的比赛是我们表现最好的，远胜另外两场。我们2比0取胜，从比赛的第一分钟到最后一分钟，都把意大利人压得喘不过气。我个人发挥出色，包揽了两粒进球。这场比赛让全世界球迷都为之倾倒，最好的足球莫过于此，更何况它出现在一场决赛中。但在俱乐部内部，很多人心里都揣着自己的小九九，它的根源在于科瓦奇的策略：他鼓励手下的球员自我发展，但是，他并没有把同一原则运用到自己身上。

对球员听之任之造成了队内关系的紧张。要是人人都有自己的主见，但将球队的整体利益放在首位，也无碍大局，然而，实际情况并非如此。除此之外，有的队员觉得自己被疏离了，因为他们搞不懂到底让他们怎么做，也有的队员明知自己所为达不到预期结果，但却拒绝接受事实。

这就是我在 1973 年 8 月离开阿贾克斯转投巴塞罗那的原因。这一转会完全出乎预料，对我来说更是如此。俱乐部刚刚实现了欧洲冠军杯三连冠，此前不久，我又续签了 7 年的合同，而且我也刚做了父亲，并决定在荷兰将孩子抚养成人，毕竟这里才是最熟悉的环境。我自认为无论从哪个方面，都已经把自己以及家庭的未来安排妥当了，然而很快我就意识到根本不是这么一回事儿。在科瓦奇治下，我感到阿贾克斯队的状况迅速恶化，让我觉得自己待不下去了。米歇尔斯总是为我们的训练课做出周密计划，而科瓦奇不然，他让大家发挥自己的主观能动性，这种方式正在削弱球队在训练及比赛中的纪律性。

因为我可以说是球队中最好的球员，当然也是名气最大的，科瓦奇的管理思路使得我逐渐成为众人瞩目的焦点。问题在于，人们常常忽略一点，那就是我的队友事实上也是出类拔萃的球员，而且在他们的个人位置——边后卫、中场、左边锋或是其他，他们绝对比我出色。所以说，凭什么风头总是让我出？遗憾的是，球队中的很多人肯定会认为，我就是刻意去博取大家的眼球。

最后的导火索是队长选举事件。它发生在 1973/1974 赛季开始前，当时球队正在集训备战。科瓦奇在夏天时已经离开了阿贾克斯，接替他的是乔治·克诺贝尔，但祸根其实早已埋下。我们竟然还需要投票来选队长，我觉得这简直滑天下之大稽。得知皮埃特·凯泽尔要作为候选人跟我竞争队长，我提议别搞什么投票了，由我继续担任队长，于是有人开始控诉我过于自我。这是我之前从未见识过的一种嫉妒。

最后的结果是，队员们选择了皮埃特。这犹如晴天霹雳。我当即回到自己房间，拨通科尔·科斯特的电话，要他马上帮我联系一家新俱乐部。经过就是这样。我所受到的伤害，你用肉眼根本无法看到。这一打击尤其沉重，因为我们不仅是队友，而且也是关系密切的朋友，所以我真的想不到会有这么一出。在其他人身上，我也遭遇过类似的事情，有些人你认为跟他关系不同寻常，但最终却是一拍两散。

关于那次投票，我在事后反复琢磨过，我很纳闷自己哪儿做错了。作为队长，我很注意人际关系，但有时候，我却被迫充当恶人。科瓦奇采取“大撒把式”的管理模式，当我认为球队表现因此受到影响时，就不得不采取一些行动。不管是对球队整体还是球员个人，我都会毫不留情地提出批评。在当时，我们队里的每个人都被万众敬仰，我那么做也许不够聪明，但是，我觉得自己应该出头，这是我身为队长的职责，而且我始终抱着解决问题的目的，从没有给球队造成过伤害。

这导致了激烈的冲突。我告诫有些队员必须提高自己的表现，让他们清楚前一日的胜利固然很好，但如果不全身心投入的话，第二天的比赛可就不一定能赢了。争论就这样爆发得越来越频繁。我之所以觉得受伤尤甚，是因为我认为自己为其他球员付出了很多，比如倡导成立了荷兰职业球员联盟（VVCS）。在此基础上，后来又创建了荷兰足协职业球员基金会（CFK），据我所知，这是世界上唯一一个球员退役金制度。

最终，我岳父和卡雷尔·扬森创办了荷兰职业球员联盟，只不过我始终没有成为它的会员。有人指责我张罗着建了这个联盟，自己却不加入。我必须指出的是，这个组织原本就不是为我这样的球员成立的。我早已拿着丰厚的薪水，个人事务也处理得井井有条。但对其他很多球员来说，境遇却大相径庭，尤其是在地区球队中。职业球员联盟是他们的福祉，但对我并不适用，因而我没必要一定要成为其会员。这样的话，我既可以站在球员的立场，假如形势需要，也可以站在管理机构的立场，来协调双方之间的关系。还有，将高收入者和中等收入者搅在一起，而组织只有一个，这是不明智的做法。

在阿贾克斯，我也做了类似的努力。俱乐部通过参加欧洲冠军杯获得了很高的收益，不过，由于最初我们总是在前几轮就遭淘汰，所以说钱虽然是球员挣来的，但俱乐部却从没分给大家一分钱。后来，我提出收益的70%应该归球队。实际上，这并不需要俱乐部自己掏钱，因为欧足联的比赛奖金并不包含在俱乐部的年度预算之内。尽管这是一个绝对公平、与成绩挂钩的方案，但俱乐部董事会却拒绝采纳。在我看来，你表现好就应该分得奖金，这没什么错。最终我的建议占得上风，球队从俱乐部那里分了一杯羹。

举这么多例子就是想说明，利用投票罢免我的队长对我的打击有多大。当然，转会巴塞罗那是我职业生涯的一次华美转身，但如若不是训练营中的那次事件，这一转会压根儿就不会发生。

为什么是巴塞罗那？西班牙刚刚向外籍球员敞开了大门，两年前，里努斯·米歇尔斯离开阿贾克斯前去执教，而我也曾在度假时到过这座城市。另外，我在马洛卡同卡尔斯·雷克萨奇碰过几次面，他在巴塞罗那队效力，对这家俱乐部和这座城市赞不绝口。他们是一家有着光荣传统的俱乐部，在当地人的生活中深入人心。不过，巴塞罗那队在向我伸出橄榄枝时，已经有十多年没有获得联赛冠军了。

我在阿贾克斯已是心烦意乱，有一种被抛弃的感觉，在这种情况下，假如巴塞罗那这样的俱乐部对你有意，你肯定会动心，更何况转会费还将创造世界纪录。

凑巧的是，维克·白金汉——执教阿贾克斯时给了我首秀机会的人——也曾在巴塞罗那任教，之后让位给了米歇尔斯。巴塞罗那俱乐部董事会成员阿曼德·卡拉文为人非常好，他恰好有一位荷兰太太。此外，还有其他一些我意想不到的巧合。当然，他们开出的薪水数额巨大，这也是事实。当时我在阿贾克斯的年薪是100万荷兰盾，还要缴72%的税。而在巴塞罗那，我不仅工资翻番，而且只需向西班牙税收部门缴30%或35%的税。我不但挣得更多了，留在自己手里的也更多了。

我越想越觉得这事靠谱。我要前往一个南部国家踢球，同有过弗伦茨·普斯卡什、我年少时的偶像阿尔弗雷多·迪斯蒂法诺这些璀璨名字的皇家马德里展开激烈竞争。再到后来，签约便是水到渠成的事了。当时的西班牙正值佛朗哥政府掌权，因此，人们自然指责我去一个独裁国家踢球。在我离开阿贾克斯一事被公开之后，我收到了各种各样的恶毒信息，还有多得多的无稽之谈。但在我看来，最恶劣的事情莫过于阿贾克斯给了我母亲一个最差的看台座位——在一根柱子后面。要知道，母亲可是始终尽心尽力地为俱乐部做事。这彻底激怒了我。

1968 年 12 月 2 日，我和丹妮步入了婚姻殿堂，我的生活一下子发生了改变。此前，我是一人吃饱全家不饿，只需想着自己和足球就够了，但现在，我要更多地考虑身边人的感受。就我来说，我在家庭中学会了男人应有的担当，我将其延续到了足球当中。几乎在同时，除了自身利益之外，我也开始为其他球员的权益着想，比如，我参与推动了奖金制度的出炉。

对于自己角色转变之快，我并未感到无所适从，因为我这人做事一向干净利落。无论环境怎么改变，我都能很快随遇而安，并且一直坚持到最后。在家里，丹妮是个贤内助，给了我很大的帮助。我越想越觉得，我组成家庭在一定程度上促进了全攻全守的诞生。这种风格要求你在场上不能光想着自己，还得想着其他队友，只有这样的球员才能执行这一战术。当一名球员拿球时，另外 10 名队友必须时刻清楚拿球的球员在干什么，并对他的下一个动作做出预判。

这跟一个家庭的运转如出一辙，有孩子的家庭更是如此。家庭中每个成员的一言一行都会影响到其他人，这一点毋庸置疑。在离开阿贾克斯这件事上，我作为丈夫和父亲的经验对我很有价值。尚塔尔出生在 1970 年，两年后，苏西拉也降临人世，所以，1973 年我们举家迁至巴塞罗那时，我还在忙着学习如何处理家庭事务。正因如此，对于围绕我的转会引发的种种喧嚣，我应对自如。这从我们在巴塞罗那机场着陆的那一刻就开始了，机场大厅人声鼎沸，挤满了欢迎的球迷，大家都热情高涨。一方面，这场面震慑住了我，另一方面，它也让我豪情万丈。阿贾克斯的不快经历已成过眼云烟，我终于重新恢复了活力。

荷兰足球的管理机构皇家荷兰足球协会（KNVB）还给我使了

个绊儿。在荷兰，球员转会窗7月关闭，而西班牙的转会窗要一直开到8月底。于是，荷兰足协拒绝给我发放参赛许可证，我不得不再等两个月，才能正式代表巴塞罗那队出场。巴塞罗那俱乐部因此决定组织几场友谊赛，这样的话，至少能让球迷们有机会看我踢球。这一举措大获成功。每场比赛门票都销售一空，仅仅三场比赛过后，巴塞罗那俱乐部就赚回了为我支付的转会费。

荷兰足协当然对安排我踢友谊赛的做法感到不快，但是，我以退出荷兰国家队相逼。德国世界杯临近，荷兰队11月要同比利时进行一场关键的预选赛，在那之前，还有几场国家队友谊赛要打。我的理由是，假如我没有足够的比赛踢，在橙衣军团就没法保证有好状态。对于一个被迫两个月作壁上观的人，你怎么可能指望他有好的表现？

我的施压奏效了。1973年9月5日，我在同色格拉布鲁日的友谊赛中完成了巴萨首秀。比分是6比0，我上演了帽子戏法，所有人一下子都服了，我值这个破世界纪录的身价。之后我们又踢了三场友谊赛，分别对阵踢球者、阿森纳和奥伦塞，结果都赢了。这表面上看起来还不错，如果考虑到巴塞罗那队在联赛中的悲惨开局，这些胜利带来的影响还要深远。10月28日，主场同格拉纳达的比赛是我首次亮相西甲联赛，此前，巴塞罗那队这个赛季只赢了一场，在积分榜上接近垫底。

好在同格拉纳达的比赛成为我们命运的转折点。最后的比分是4比0，我攻进两球。那场比赛之后，我们就再也没输过，最终以8分的优势夺得联赛冠军。那个赛季我春风得意。俱乐部上下热情高涨，激荡人心，与此同时，我的头脑也很清醒，那就是俱乐部的目标只会逐年提升。不过，只要我的发挥保持稳定，一切就都还好。

但从一开始，我在巴塞罗那总会遇到一些怪事，而且毫无征兆。就拿1974年我儿子约尔迪出生这件事来说吧。丹妮的预产期是2月17日，同一天我们正好要在客场踢皇家马德里。除此之外，我们决定在阿姆斯特丹生下这第三个孩子，跟生尚塔尔和苏西拉时一样用同一个妇产医生，而且也采取剖宫产。前两次我都陪在丹妮身边，这一次我当然也想回去。

在我看来，这再正常不过了，但在背地里，所有人都显得惊慌失措。后来，里努斯·米歇尔斯问我能不能提前一周做剖宫产手术。我知道，他肯定早就背着我跟医生谈过了。不管怎么样，我和丹妮还是同意了。约尔迪2月9日出世，一周之后，我赶往马德里参加了那场比赛。但那还是造成了后续的麻烦，因为丹妮做了剖宫产手术之后，不得不在医院等了10天才回家。我们5比0击败了皇家马德里，比赛一结束，我就立即飞回荷兰去接丹妮，而在加泰罗尼亚，所有人都还处于胜利的狂欢中。几天之后，我们带着宝宝降落在巴塞罗那机场，又是一阵巨大的骚动，球迷们的欢庆还在继续。伯纳乌大捷不仅在巴塞罗那俱乐部，在整个加泰罗尼亚都引起了难以置信的轰动。当时，佛朗哥独裁政府在马德里建立集权统治，加泰罗尼亚地区备受压迫，所以，这场胜利有着重大的政治影响。我在巴塞罗那给约尔迪办理出生登记时，对此有着切身的感受。

丹妮还在医院恢复时，我在阿姆斯特丹为约尔迪完成了注册(他正式登记的全名是约翰·约尔迪，但后来大家都叫他约尔迪)。我把荷兰的登记材料带回了巴塞罗那，因为在西班牙登记也需要这些材料。这下好了，登记官告诉我，约尔迪是一个加泰罗尼亚语名字（圣约尔迪是加泰罗尼亚的守护神），不允许注册，所以得按西班牙语叫豪尔赫才行。

“那问题来了。”我告诉登记官，“他的名字是约尔迪，而且就得这么叫。你要是不给登记，我就再往上捅，那可就是你的麻烦了。”

我的立场跟政治没多大关系，我们有决定自己孩子叫什么的权利。由于事先不知道孩子的性别，头年的12月，我们选定了两个名字：如果是女孩叫穆里亚，是男孩就叫约尔迪。这两个名字在荷兰都是不为人知的，所以我跟丹妮认为它们很特别。

随着预产期的临近，我们跟西班牙的很多朋友都分享了这两个名字，他们建议最好别用加泰罗尼亚语的约尔迪。我立马反驳说，孩子叫什么由丹妮和我来决定，其他人做不了主。我们之所以选择这两个名字是因为我们喜欢，而不是因为我们有亲戚这么叫。我们的大女儿尚塔尔是个法语名字，苏西拉是意大利语名字。这也体现了我们这代人的人生态度，行为处事有时会同上一代人的观念背道而驰。

我跟巴塞罗那的那位登记官也做了解释，起初他一口回绝，我说假如这样的话，他可就倒霉了。击败皇家马德里激发出的民族情绪显然对他也有所感染，后来我又给他找了一个体面的借口。因为我在阿姆斯特丹已经给约尔迪做了登记，我给他出示了荷兰的出生证明，告诉他不能简单粗暴地否认这份官方文件，而且不管他写什么，这份出生证明在全世界任何一个地方都有效。这说动了他，没再多费口舌，他为约尔迪完成了登记。所以说，那场5比0的胜利不仅给加泰罗尼亚人带来了巨大的情感价值，我的儿子在登记处也得到了方便。我怀疑假如我们在马德里输了球，或者在积分榜上接近榜尾，那个官员是否会那么快改变主意。

同皇家马德里的比赛，里努斯·米歇尔斯制订了一套全新打法，伯纳乌的那个夜晚，一切都在他的预料之中。米歇尔斯部署的战术得以完美实施。那场比赛，我的位置不是纯正的前锋，而是稍稍后撤，也就是说，其他队友可以利用拉开的空当跑位。这是一个重大的战术调整，之前从来没这么干过，不过，事后多年，我才知道米歇尔斯是怎么想出这一招的。当时，米歇尔斯有一个叫特奥·德赫罗特的朋友住在马德里，那人也曾效力过阿贾克斯。特奥是体育记者雅普·德赫罗特（译者注：本书合著者）的父亲，就住在皇家马德里队中后卫格雷格里奥·贝尼托的隔壁。贝尼托常到这位荷兰邻居家串门，他显然不知道德赫罗特和米歇尔斯之间的关系，同巴塞罗那队的比赛前，他将皇家马德里的战术安排和盘托出。其中的核心战术是皇家马德里的后卫线不会对我采取人盯人防守，而是选择区域防守。

米歇尔斯知晓后，要求我的位置进行回收，这样，对方四名后卫不知道该防谁，显得无所适从，这就给我们压上的中场球员制造了机会。这一计划大获成功，我们的中场球员不断前插，让皇家马德里队彻底傻了眼。这件事充分表明，一个偶然事件有可能造成重要影响。那场 5 比 0 的胜利之后，我们在一系列比赛中都祭出了前所未有的打法。3 个月之后，巴塞罗那队时隔 14 年再次夺得国内联赛冠军。那是一段难忘的经历，每每忆起都会回味无穷。与阿贾克斯时期不同，我的队长地位在巴塞罗那队得到了认可。作为球队领袖，你要始终担负起责任。我常说，家庭对我帮助很大，它让我学会了多设身处地为他人着想，这种关切也是全攻全守足球的一部分。

我的巴塞罗那处子赛季紧张而忙碌，无论是在场上还是场下，我的抗压能力都越来越强，那自然是队长的职责所在。米歇尔斯给了我极大的帮助。后来，人们认定是我成就了他的伟大，但是，在我作为球员的进步过程中，米歇尔斯功不可没，他总能在正确的时间给我正确的建议。18 岁的我在阿贾克斯还是个菜鸟时，他就给我开小灶，让我在足球战术上多动脑子，他给我树立了严苛的职业规范，不允许我越雷池半步。为了加快我们的成长步伐，米歇尔斯狠抠细节，一丝一毫都不放过。我自己当了教练和顾问后发现，假如你的球员没被激发出最大潜能，你只能束手无策。那样的话，哪怕费多少心思，下多少功夫，你都别想成事。无论是在阿贾克斯、巴塞罗那还是荷兰国家队，米歇尔斯都给身为球员的我创造出前进的动力。这并不是说我的付出不重要，而是说独木难成林，因为你单枪匹马永远都不可能成功。

3

全攻全守让世界惊叹

1974年世界杯决赛阶段的比赛在联邦德国进行，米歇尔斯取代了弗朗齐歇克·法德尔洪茨成为荷兰国家队主教练，他的上任于我而言至关重要，或许可以说殊为关键。我当然没忘自己是怎样被踢出阿贾克斯的。在国家队，我跟俱乐部前队友难免还会碰面，如何相处真的是个问题，特别是他们依然对我不依不饶，质疑我参加国家队比赛时，为什么总是晚于他们报到。他们也不想想那个年代从西班牙出行要花多长时间，当时可不像现在有那么多趟航班。

举个例子，我在西班牙北部踢完一场比赛后，先得乘坐大巴返回巴塞罗那，然后飞往阿姆斯特丹，接着再转机到东欧某个小城参加世界杯预选赛，整个行程极为复杂。我一般周日动身，周二才能抵达，准备参加周三晚上的比赛。后来我发现，有些队员对我不随队同行感到不满，但是，我怎么可能做到呢？

法德尔洪茨并没有站在我这一边，所以我只好忍气吞声。我有时会想，自己这么大费周章到底值不值。不过，考虑到有机会为国出征世界杯，不参加国家队的比赛肯定是不现实的，而在荷兰足协任命米歇尔斯执教国家队之后，你就更无其他选择了。他上任之后，要求所有的前锋按他的新战术训练，世界杯期间，这一战术以全攻全守而广为人知。全攻全守需要有才华的个体服从训练有素的整体，在比赛中喜欢抱怨或是注意力不集中的球员会拖其他人的后腿，所以你需要一个米歇尔斯这样的教练来防止这种隐患。我不知道是谁发明了“全攻全守”这个词，但它确实一语中的。除了球员能力之外，全攻全守的核心要义跟距离和位置有关，那是一切战术思想的根本。当你把阵形排好，队员间的距离确定，接下来的一切自然就是水到渠成。全攻全守同样要求球员严守战术纪律，不能有人老想着突出自己，否则战术就会失效。当一名球员开始向对手施压时，全队都必须蓄势待发。

举例来说，假如我逼迫的是对方一名擅长右脚的后卫，我会向他的右侧逼近，迫使他用自己不擅长的左脚传球。与此同时，约翰·内斯肯斯从中场扑向他的左侧，逼迫他不得不仓促出球，自然就会忙中出错。内斯肯斯压上时，就得放弃自己原本盯防的球员，不过，那人也不敢贸然去追内斯肯斯，因为我们后防线上的威姆·苏比尔早已上前帮内斯肯斯补位。转眼间，我们快速而有效地形成了三打二的局面。简而言之：我向对手的强侧施压，内斯肯斯同时攻其弱侧，苏比尔则让内斯肯斯负责盯防的人不敢轻举妄动，所有这一切都发生在 5 米到 10 米的半径范围内。

事实上，这正是全攻全守足球的精髓所在，你的行动要始终基于自己所见，绝不能走神儿。换句话说，自始至终你都需要洞悉全场，目光不能离开球。

拿橄榄球来说，橄榄球队员为了能向前冲，不得不把球往后传，这样的好处是，他们对自己身前发生的事情一览无余。同样的理论也适用于足球，但是很多人对此并不以为然，他们认为自己就得将球往前踢，而事实上，他们本该将球传给身后的队友。队友虽然位置更靠后，但却可以纵览全局。

无论如何，全攻全守与球场上各条线之间的距离密切相关，假如你采用这种打法，甚至连守门员都可以算作一条线。如今，由于守门员不能手接回传球，那他更得按这种方式踢。守门员可以确保自己的后卫在合适的时机接到球，他应该多在禁区边缘活动，这样，他身前的队友也可以选择将球传给他。按照我们在联邦德国世界杯上的打法，那种老老实实待在门线上的门将在队中是无用武之地的。

正是基于这个原因，球队最终放弃了当时的头号门将扬·范贝弗伦，而是选择了扬·容布勒德。最主要的一点在于，容布勒德年轻时曾踢过前锋。作为守门员，他不仅喜欢参与球队的整体攻防，而且表现很不错，极少丢掉球权，因为他可以站在前锋的角度考虑问题。在容布勒德身前，我们只有一名真正的后卫维姆·赖斯贝尔亨。阿里·哈恩以前是一名中场，而边后卫路德· 克罗尔和维姆·苏尔比尔最初的位置也都很靠前。几乎每个球员都有大局观，他们不仅位置感强，技术更是出类拔萃。

将中场球员或是前锋改造成后卫，这自然要追溯到米歇尔斯在阿贾克斯时的足球哲学。一般看来，一名球员如果在 8 岁到 18 岁踢过边锋，他就会习惯于往前看，即使再让他踢后场的位置，他也总要前压，以便尽可能多地给对方球门制造威胁。这由此表明他不喜欢往回跑，而且，小范围的攻防于他有利。还有一个事实是，总体来说，进攻端球员的控球技术要好于一名传统后卫。假如中前场球员转化为后卫，这也是一个优势。

一些看过联邦德国世界杯的人认为，我们当时的踢法纯是出于偶然。对于这种说法，我通过各种渠道都有所耳闻，也读到过有关文字，那绝对是一派胡言。那支荷兰国家队集中了一批实力超强的球员，他们都不是泛泛之辈，而是超群绝伦。中场左路不仅有阿贾克斯的赫里·穆赫伦，还有费耶诺德的威廉·范哈内亨。这些世界级的球员要为主力位置竞争。右路我们有维姆·扬森，他也来自费耶诺德，还有约翰·内斯肯斯，他之后不久也离开了阿贾克斯，与我在巴塞罗那重聚。你还想怎样呢？只需告诉我，皮埃特·凯泽尔与罗布·伦森布林克谁踢左边锋更出色？放眼全队，都是在各个联赛有过夺冠经历的顶级球星。你随便挑人，他们都能做到最好。

那是过人天赋与职业素养的完美结合。就拿路德·克罗尔来说，他是一名能力全面的后卫，可以胜任后防或中场的任何角色，我对他始终景仰有加。他给自己确立一个目标之后，会为此付出额外的努力。球队每天训练结束后，他都要留下加练，就是为了提高自己向前传球的能力。实在太棒了。

我们的首发11人各个才华出众，就算派15名顶尖球员出场也不是什么难事，而且他们都是多面手。也就是说，右后卫可以踢中卫，而约翰尼·雷普或勒内·范德克尔克霍夫可以出任右边锋。我们各个位置都有天赋过人的球员，从他们身上你可以期待更多。

荷兰球队在俱乐部层面的5年辉煌，换来了国家队层面在1974年世界杯上的登峰造极。这一时期始于1970年，费耶诺德在欧洲冠军杯决赛击败凯尔特人夺魁，紧接着阿贾克斯实现了冠军杯三连冠。荷兰国家队进军1974年世界杯决赛圈更是锦上添花，他们上次入围还要追溯到1934年（译者注：应为1938年）。荷兰队主要由来自阿贾克斯和费耶诺德的球员组成，两大豪门俱乐部形成了合力。完美的融合。

这是荷兰能否跻身足球强国之列的最重要一步。正是在联邦德国的那个夏天，我深切地感受到了世界杯的真正魅力。通过费耶诺德，尤其是阿贾克斯队，荷兰足球在俱乐部范围内称霸世界4年，即便如此，那也与世界杯不可同日而语。世界杯的规模和气势处处得以体现。以我们的国歌《威廉颂》为例，每场赛前都会演奏国歌，此前，我从未见过这么多人共唱国歌，也从未见过有谁唱得这么忘情投入。球迷们用橙色将自己武装起来，这也是我第一次目睹如此多的球迷集结。那种代表祖国的自豪感油然而生，为国出战的情绪也日益高涨。从球员到球迷，每个人都以能成为其中一员为荣。

球队越走越顺，局面越来越好，我们很快在全世界范围内赢得了广泛支持。那个年代没有手机也没有互联网，所以，对荷兰队的支持并没有如病毒般迅速扩散，但是这种势头却不可遏制，逐渐形成一股无法抗拒的力量。

然而，荷兰队备战世界杯的过程却难言平顺，在奖金和赞助商的问题上生出了很多事端。这倒也不难理解，因为无论是对球员还是荷兰足协而言，一切都新鲜而陌生，没人有过世界杯的经验。由于事情千头万绪，所以我们成立了队委会，由来自阿贾克斯和费耶诺德的球员代表组成，以确保大家都能得到公平待遇。两队队员在球场上一直是对手，但是现在，为了寻求解决方案，我们进行了通力合作。

多亏了我岳父，我比队内其他人在这方面了解得要多，我和科尔走在了别人前面。借着队委会的成立，我们跟其他队员分享了自己的经验。共识很快达成，我们的诉求并非去争谁拿最多的钱，而是要谋求球队整体的利益，对所有人都一视同仁。每名球员都有保底奖金，额度一样，而参赛球员另有比赛奖金，出场次数越多奖金就越多。这样的分配方案在当时颇具开创性，最终，大家集体受益。

还有一个问题是，我同运动品牌彪马签有个人赞助合同，这就意味着参加世界杯时，我不能穿彪马的竞品阿迪达斯提供的任何东西。在那之前，荷兰国家队的球衣上没有任何品牌商标，但在世界杯上，球衣要加上阿迪达斯标志性的三道杠。在球员不知情的情况下，荷兰足协同阿迪达斯签了一份合同，他们认为没必要告知球员，因为球衣属于足协。“但从球衣里伸出来的脑袋是我的。”我正告他们。最终的结果，我从自己穿的球衣上拿掉了一道杠，让它显得更中立。

所有这些场外的事情都需要一定时间来适应，因为它们是彻头彻尾的新鲜事物。球队在那段时间盛极一时，尤其是各种关系理顺之后，大家都拧成了一股绳，我们变得更为强大。随着大赛的临近，并且在世界杯开始之后，我们意识到，自己作为一个整体已是坚不可摧。尽管来自不同的俱乐部，但我们是同一支国家队。在同乌拉圭的首场比赛中，团队精神就体现得淋漓尽致。虽说我们对自己能在这届世界杯上取得佳绩信心满满，但我们根本没有想到，乌拉圭——这支来自南美的球队，在我们眼中更大、更具声望的足球国度，在比赛中竟然疲于奔命。事实上，我们被自己表现出来的实力吓了一跳。在国内赛场，我们已经习惯了面对那些对阿贾克斯或费耶诺德的战术知根知底的球队，然而在世界杯上，我们的对手似乎对此一无所知。他们的踢法，我们早在五六年前就已经摒弃掉了。

对我们来说，全攻全守的打法已是驾轻就熟，但它却让世界足坛眼前一亮，赢得了满堂彩。不管是在有球还是无球状态下，我们强势、流动的打法都尽可能高效地压迫对手。后卫可以进攻，前锋也可以防守，目的是使每名球员都有可能在对方半场拿球。这样的风格让观众看得赏心悦目，而且，每场比赛我们的打法都有长进，这更加坚定了我们成为世界冠军的信念。

16 支球队参加了那届世界杯，它们被分成 4 个小组，每组 4 队，每个小组的前两名进入第二阶段。第二阶段小组赛分为 A、B 两组，两个小组的头名将争夺最后的冠军，两个第二名则将进行三四名决赛。

除了第一阶段小组赛对阵瑞典队，我们其余几场小组赛均取得了完胜，乌拉圭、保加利亚、民主德国和阿根廷都只有招架之功。同瑞典队的比赛踢成了 0 比 0，就像我赛后第一时间说的一样，你踢得如此出色，但没能得到理想的结果，这是最大的遗憾。不过，事后大家谈论最多的却是我的一个假动作，也就是所说的“克鲁伊夫转身”：在带球突破时，我将球从支撑腿的后面一拉，同时立即转身，快速将球拨走。

在之前的训练当中，我从未做过类似的转身，那是我突然迸发出的灵感，毕竟在那一特定瞬间，我做出的是最佳选择。这种突如其来的意念时有发生，因为当你的技术和战术理念达到一定境界，你的双腿能够迅速执行大脑向它们发出的指令，哪怕只是脑海中一闪而过的念头。我经常使用那样的假动作，但我的目的从来都不是为了让对手出洋相，只是因为那是最好的处理方式。没错，我有时会用球钻对手的裆，但那么做的前提条件是，我找不出过掉他们的其他方式。那与成心戏耍对手的穿裆截然不同，假如别人故意那么做时，我也会被激怒的。

在第二阶段小组赛的前两轮中，荷兰队同上届冠军巴西队在 A

组都是两战两胜，所以，两队最后一轮的直接对话实际上就相当于世界杯半决赛。对我来说，这场比赛是整届杯赛的高光点，我对它的记忆比决赛还清晰。无论是技术、速度，还是创造力，我们在各个方面都更胜一筹，对上届冠军全线压制。

2 比 0 的比分对我个人和球队而言都是巨大的胜利。我锁定胜局的进球不仅被评为本届杯赛最佳，它还从多个层面诠释了全攻全守足球的真谛。我们的左边锋罗布·伦森布林克前插到前场，接到左后卫路德·克罗尔的传球，伦森布林克随即替克罗尔扯开空当，再将球传给后者。克罗尔套边后传中，我包抄到近门柱凌空垫射破门。整个过程行云流水，最后一锤定音，如今看来依旧精彩绝伦。

尽管很多人将这场比赛视作世界杯史上最佳比赛之一，但我们知道，自己在开局阶段并未进入最佳状态。毕竟，我们的对手是巴西队，是世界冠军，而且从技术角度来说，他们简直无与伦比。巴西阵中同样大牌云集：雅伊济尼奥、里维利诺、保罗·塞萨尔……刚开始，我们有些被对手的名气所震慑，这也不难理解。不过随着比赛的深入，我们以其人之道还治其人之身，全面接管了比赛。双方的技术都很出色，但是我们的攻防转换速度更快。这就高下立判，我们在快节奏下运用技术的能力强太多。

草皮也是一个重要细节。巴西同欧洲的草皮特点完全不同，我们清楚这一点。尤其是当你打地面进攻时，它会体现得更明显。德国球场的草更短、更薄、更干，而巴西球场的草则更长、更厚、更密。不同的草皮会影响到球速，甚至能有着天壤之别。幸运的是，我们是在德国而不是南美比赛，这就使得场地条件对我们有利。

巴西队正处于转型阶段，他们忙着放弃自己传统的纯技术流派，取而代之的是技术结合身体的风格。我们的打法以技术为本，其他一切都跟位置以及队友间的相互支援有关。出色的穿插站位意味着你无须跑动太多，因而技术优势就更容易显现出来。尽管开场时有些束手束脚，但我们渐入佳境，上半场比分保持在0比0。我赛前就曾放话，期待着跟巴西人过招，下半场我们证明了这绝非信口开河。我们运气不错，在上半场开始阶段守住了城池。事实上，我们纯是自己把自己吓傻了，在缓过神来之后，全队重整旗鼓，表现出了自己的最佳水准。

可惜的是，在同联邦德国队的决赛中，局势却来了个180度大转弯。德国人是欧洲杯上届冠军，有弗朗茨·贝肯鲍尔、盖德·穆勒、保罗·布莱特纳等球星压阵。包括这三人在内，联邦德国队还有多名球员在拜仁慕尼黑效力。拜仁是当时欧洲最强的俱乐部，刚刚夺得了欧洲冠军杯冠军，那也是他们三连冠的开端。假如我们备战决赛的态度更投入，就像对待巴西队时一样，那胜利的天平还是会倒向我们这一边的。然而，在2比0淘汰世界冠军之后，我们每个人都显得过于松弛和自满，就好像接下来的决赛已无关紧要。

这是骄兵必败的一个经典案例。你一旦越过了自信和自负的临界点，要想回来可就难于登天。同联邦德国的决赛，我们开球之后大概连续传递了16脚，德国人连球都没碰到就丢了一个点球。在迅速领先之后，我们又接连创造出大把的机会，可惜没能乘胜追击。此后，联邦德国队同样获得点球机会，他们主罚命中扳平了比分。上半场结束前，盖德·穆勒的进球将比分反超为2比1，对这个失球，我们毫无办法。我们本以为自己铁定能赢，但不管怎么尝试，我们就是无法再次将球送进球网。

整场比赛，荷兰队的所有人都节奏紊乱，从没踩对过点儿，不是偏早，就是偏晚。我们并没有达到自己100%的状态。当然了，在你处于最佳状态的95%时或许也能踢得不错，但假如你的对手表现得无懈可击，你就将面临处处受制于人的危险。

有时候，心理因素就能导致你输掉比赛。只消看一下我们的丢球方式就知道了。先是维姆·扬森禁区内无谓的铲球犯规送给对手一个点球，至于第二个失球，路德·克罗尔在防守时没有并紧双腿。特别是第二个球，典型地反映了我们那场比赛的状态。在很多人的观念里，防守中要时时刻刻将球踢出危险区，但是，你同样得清楚什么情况下必须留给门将扑救的机会，这是防守的艺术。

你千万不能让对手的射门从你两腿间穿过，假如那样的话，门将只能束手就擒。但是，这样的错误每周都在发生。球门的宽度为7米多，而一名门将的防守限度大概只有5米，所以对后卫来说，为其余的2米筑起屏障是你的职责。你一旦让这2米失守，门将唯有缴械投降。前锋们经常等着防守他的后卫露出破绽，让自己射穿其“小门”。这种情况下，5次里能有4次破门得分，因为门将原本要仰仗后卫替自己保护那部分球门——这就是为什么你在防守时永远不要给对手穿裆的机会。然而，这依然是很多球队在防守方面的短板。我们在决赛中始终运转不畅，穆勒的进球最终决定了冠军的归属。终场哨声响起，结果自然是让我们大失所望。你明明知道自己是世界上最好的球队，但是捧起奖杯的却不是你。

尽管如此，没过多久我就从失败中缓了过来，其实打击也没多大。更为重要的是，因为我们在世界杯上的表现，荷兰队的风格在世界范围内赢得了普遍认可，各种赞誉扑面而来。除了德国人，几乎每个人都认为我们才应该是冠军。我们在决赛中虽然不在最佳状态，但却给亿万球迷做了最好的演示。而且，对那些像我一样不够高大和强壮的球员来说，他们从我们身上看到了希望。通过这届世界杯，足球该如何踢的理念发生了改变。

这一哲学实际非常简单，至今仍然适用。球只有一个，不是在你脚下就是在对方脚下。假如球权在你这里，对方就不可能破门。而如果你在球上面做好了文章，你得到理想结果的概率就会大很多。此前，人们更看重的是努力和付出，如此一来，重心转移到了素养和技术层面。

我在一种极度亢奋的状态下经历了这届世界杯。我既是焦点，同时也担负着最大的责任。幸运的是，我得到了所有人的支持，平心而论，一切对我来说都很轻松。对于新闻发布会上面对各种各样的提问，我从不觉得那是麻烦事或让人闹心。到了后来，球队的伙计们不约而同地劝我："你少说几句吧，我们好赶紧走人。"

由此可见，很多文章以讹传讹，说我在这届世界杯结束之后表示，这是我最后一次参加世界杯，原因是我觉得世界杯太消耗精力——那纯粹是胡编乱造。事实上，我的决定是后来才做出的，而且另有其因。整个世界杯期间，我的肾上腺素在体内持续涌动，这表明我没有感受到任何压力。别忘了，我们还连战连捷，并未遇到什么挫折。即使在球队内部，一切也都积极乐观，我们真正从足球中体验到了快乐。

不过，恶俗报刊倒是第一次让我们长了见识。就在决赛前，德国小报《图片报》发表了一篇配图文章，宣称几名荷兰球员和德国裸体女郎在球队下榻酒店的泳池内嬉戏，这其中就包括我，而且这件事也传到了丹妮耳朵里。后来，这家报纸不知又怎么联系到了我们的几名替补球员，引述他们的话说，在决赛前夜，我在电话里向怒不可遏的太太解释了好几个小时。在我看来，媒体竟然企图操控局势，这还真是职业足球中的全新现象。然而，我丝毫没有受到困扰。即便后来做了教练，我也很少或者说从未让媒体的报道影响到我，所以说，我更不可能在参加世界杯决赛前为此分神。有人指责我们表现糟糕，是因为我被整件事搞得心烦意乱。那简直是胡说八道，完全是一派胡言。真实的故事是，丹妮当时正在我们的另一个家里，那是靠近安道尔的山区，连电话线都还没接，所以我们根本不可能打电话联系上对方，更别说隔空吵架了。

不幸的是，哗众取宠和断章取义的报道如今已然成为足球的一部分。不过，我们在比赛中并没有受到干扰，决赛落败的原因其实很简单：我们浪费了太多的机会，联邦德国门将塞普·迈耶这辈子都没表现得那么好过，德国人也不应该获得那记点球。尽管输了决赛，尽管遭遇媒体的谎言，但世界杯仍然给我留下了美好的回忆。有时候，尽管你没能举起奖杯，但最终你仍然被视作无冕之王。后来无论我走到世界的哪里，人们总会跟我谈起那个时代的荷兰队。我认为，我们在那届世界杯上赢得的美誉和尊敬是空前绝后的，对此我深以为傲。

世界杯把我们变成了全球偶像，人们为我们刚毅华丽的形象所倾倒。我们的感召力在于我们的率真，我们不是装腔作势，而是真实的自我。生为荷兰人，又绝对具备阿姆斯特丹人的真性情。

我似乎也成了潮流引领者，越来越多的人开始关注我的衣着打扮、发型风格。在这方面，我都是受丹妮的影响，因为同她待在一起的时间最长。需要说明的是，我从来没给自己买过衣服。我对这类事毫不上心，我不在意衣服的颜色，不在意跟穿着有关的任何事情。衣柜内最靠外的不管是什么衣服，我只是随手拿出来就穿。我甚至不清楚自己穿得搭不搭，一点儿概念也没有，这就是为什么我从不为自己的着装犯愁。在发型上也是类似。我把它留长一些是因为丹妮喜欢。对于自己的样貌，我基本上没费什么心思。尽管在不同的俱乐部，我都赢得过不少奖杯，但是只有在世界杯之后，我才真正一炮而红。我的所言所思一下子变得很有分量，而且不光是在荷兰，在全世界范围内都是如此。这样的影响力至今都让我感到惊诧。

1974 年世界杯不仅对我个人来说非常特殊，而且也是整个荷兰足球的巅峰。它始于 1965 年的阿贾克斯，在 1974 年君临天下，这是荷兰足球有史以来最好的时代。不幸的是，盛极必衰，这是颠扑不破的真理。

1974 年世界杯让我拥有了美妙体验，之后的几个赛季在巴塞罗那队，我依旧保持着高水准，但尽管如此，我还是选择了放弃参加 1978 年世界杯。虽说我很早就考虑要在 1978 年退役，但放弃参加世界杯，起初我是有过摇摆的。假如你问我为什么会有此时退役的想法，其实连我自己都说不清楚。到 31 岁时停下来，是我儿时就闪现的念头。在知道自己足球生涯即将画上句号的情况下，我并没有强烈的愿望想争取跻身世界杯参赛名单。1976 年欧洲杯，我们在半决赛中踢得糟糕透顶，令人失望地被捷克斯洛伐克队淘汰，这进一步加深了我对自己的怀疑。1977 年，我的心态曾有过短暂的积极变化。荷兰队在同英格兰、比利时等队的几场比赛中表现出色，我开始认真思考自己是否应该抓住机会，第二年夏天同如此强大的球队一起前往阿根廷。

然而天有不测风云。9 月 17 日那天，我正在巴塞罗那的家中看电视转播的篮球赛，这时门铃响了，像是邮递员来送包裹。当我把门打开，一把枪顶在了我的头上，让我趴下。当时全家人都在家里，孩子们在自己的房间，那人让丹妮也趴在地上。

我试图跟他谈条件："你是不是想要钱？你想要什么都给你。"来人根本不听，用绳子把我绑在家具上。为了捆我，他暂时放下了枪，趁着这当口，丹妮撒腿就跑，她跑出家门，逃到了公寓楼外。那混蛋在后面紧追。我把自己松开，将他的枪抓在手里，避免再次落入歹人之手。嘶喊和尖叫声响彻整个公寓楼内，邻居们纷纷打开房门看发生了什么。歹徒很快被制服。

事后，警方在我们公寓楼外发现了一辆铺有床垫的货车，所有的证据都表明，这是一起在当时的西班牙司空见惯的绑架事件。我对他的动机一无所知，当然，我也毫无兴趣想去了解。只有一件事最重要，那就是这个家伙已经远离了我们的生活。

接下来半年左右的时间简直度日如年，我们昼夜处于警方的保护中。不管是我外出旅行、接送孩子上学，还是去巴塞罗那队训练或比赛，总有警员伴我左右，也总有辆警车在周边巡视或是驾车紧随我。警察每晚就睡在我家的客厅。那种气氛实在让人不堪忍受，压力也使得我身心俱疲。我甚至都不能跟外人倾诉，以排解我的心理负担。警方只是反复跟我强调，请千万不要对外声张，因为那有可能会让其他极端分子效仿。

在那种形势下，你不可能在8周的时间里置家人于不顾，只身一人跑到世界的另一端，所以我肯定不会同荷兰队前往阿根廷。你要是参加世界杯，就必须心无旁骛，哪怕有半点的犹豫或分神，那你也不应该去，否则绝不会有好结果。

荷兰队主帅恩斯特·哈佩尔来巴塞罗那跟我见面，劝我收回退出国家队的成命，但我没有丝毫的动摇。由于警方对我下了"封口令”，我没有跟哈佩尔谈及那起绑架案，只是表示自己的身体和精神状态都没有达到最佳，不足以参加如此重要的大赛。我知道这个理由并不能让他信服，因为世界杯与其他赛事不可同日而语。在哈佩尔这样伟大的体育人看来，错过这样的机会是不恰当的，而我却不能向他道出事情的原委。随后，荷兰国内又发起了“让克鲁伊夫回心转意”的行动，球迷信件纷至沓来，都是请求我改变主意，重新回到橙衣军团。但是，家人的安危必须是头等大事，所以我并不难做到坚持自己的立场。绑架未遂事件发生之后，对于不去阿根廷的决定，我从没有过片刻的迟疑。这事没有讨论的余地，在那种情况下，无论是谁，扔下家人不管的做法都属于丧失理智。

不幸的是，绑架事件的影响持续发酵，在那之后的很长一段时间内，我们的安全警报并未解除。一名女孩在巴伦西亚遭到绑架，我和丹妮听说那些绑匪也知道我们有孩子，他们原本还打算光顾我家。于是安全起见，我们入手了两条杜宾犬，全家人都专门学习了一些驯狗的技巧。警方却劝我们处理掉它们，理由是“万一它们攻击了闯入者怎么办”。我针锋相对：“我们买狗不就是为了这个目的吗？”

最终，出于多方面原因，我错过了1978年世界杯。回首往事，我那样做，使我失去了可以夺得至高荣誉后急流勇退的机会。荷兰队再次闯入决赛，面对的依然是东道主。英国广播公司（BBC）邀请我担任比赛的评论嘉宾，在演播室里，我如坐针毡。决赛充满了火药味，荷兰队第38分钟先丢一球，下半场被主裁判拒绝一个点球，终场前不久扳平比分，最后一分钟击中门柱，在加时赛1比3败北。

看着这样一场比赛，你心中不由得五味杂陈，你会想假如自己在场上，你的足球生涯或许能以一个世界冠军结束。当初你要是这样做了，或者那样做了——你的脑海中做着各种假设。这种纠结在我身上并不常见，但我一时确实无法释然。我既在考虑如果去了世界杯，自己能获得什么，同时我也心知肚明，那样的话，我将被迫离别家人一段时间，而我是绝对不会那么做的。

假如我参加了1978年世界杯，我们会夺冠吗？相当坦白地说，我认为我们能拿冠军，因为即使在当时，我的能力仍足以帮助球队提升实力。此前一年在温布利，我们已经证明了这一点。荷兰队2比0击败英格兰的次日，报纸的头版标题十分醒目："足球之美，尽收眼底"，这句溢美之言让我过目难忘。我甚至觉得，我们比1974年的那支荷兰队还要强一些。我原本可以成为其中的一员，但我选择了退出。在BBC的演播室，我忍不住地想：该死，我真应该去阿根廷。那种心境既奇怪，又有些许感伤。

由于真相不能外露，我太太再次蒙受不白之冤。1974年世界杯决赛前的越洋电话一说已是无稽之谈，到了1978年，舆论再次将矛头对准丹妮，认为她是我拒绝前往阿根廷的幕后黑手。这简直难以置信。如果还有球员的太太不喜欢追名逐利，这人一定是丹妮，然而，她却遭到了太多的恶语中伤。几十年来，我始终守口如瓶，但是，谣言和指责仍在不时制造杂音，那感觉就如同我们全家不断被人打耳光。过了近30年，在孩子们都独立成家之后，我决定将真相和盘托出。事情的经过就是如此，一切都已盖棺定论。但是过去这么多年，不管我在哪儿，我仍然时刻保持警惕，以免隔墙有耳，自己的谈话被媒体偷听。就连在家里，我也得了一种开口恐惧症。我被迫学着如何应对此类事情，这真是无奈之举。

4

我居然投资了养猪

从1973年到1978年，我在巴塞罗那队效力了5年，那使得我同巴萨俱乐部以及加泰罗尼亚人都建立起了密切关系。10年之后，我成了巴塞罗那队的主教练，又举家搬迁到了加泰罗尼亚，这种关系变得更为紧密。前面讲过，我加盟巴塞罗那后的第一个赛季志得意满——抵达时的壮观场面，5比0狂胜皇家马德里，联赛冠军，之后我又参加了联邦德国世界杯。无论是外界还是球队内部，都对巴塞罗那队期望很高，但自1974年之后，在我效力期间，我们再也没夺过西甲冠军，至于国王杯，也只是在我离队前的最后一个赛季才拿到。

在西班牙踢的时间久了，我逐渐意识到政治因素在比赛中扮演了重要角色。跟其他球员不同，我从来就不是一个顺从当局的人，不喜欢俯首听命，我是有一说一的阿姆斯特丹人。在佛朗哥掌权期间以及他倒台后的一段时间里，能有这样的态度在西班牙很不寻常。阿曼德·卡拉文是一名加泰罗尼亚民族主义者，也是巴塞罗那俱乐部董事会成员，他对我的这种立场大加赞赏。起初我并没有多想，直到后来我才回过味来：加泰罗尼亚地区脱离马德里政府的声浪日渐高涨，巴塞罗那俱乐部也想从中助力，而卡拉文故意利用我的个性推波助澜。我是一名全球瞩目的外国球星，没人敢动我，因而也就可以时不时激怒一下佛朗哥。

最开始，我真的没有意识到他在做什么——我是踢足球的，不是玩政治的，但在最后，我发现事情的进展并不像预期的那么顺利。很显然，5 年之内我们只获得了一次联赛冠军，这实在太荒唐了。特别是在 1977 年，我们被人劫走了冠军。我正处在自己职业生涯的最巅峰状态，冠军已非我们莫属。然而，在与马拉加队的比赛中，我却莫名其妙地被罚下了场，主裁判的理由是我骂了他“狗娘养的”。但是，直到今天，我都从来没有说过类似的话——当时没有，以后也没有。平时我在场上确实话不少，但大多数情况都是在指挥或提醒队友。当然，在白热化的比赛中，我偶尔也会喊一些不那么文明的话，但在顶级对抗中，有时你必须说一些狠话才能让自己的意思更清楚。即使如此，我也从未用“狗娘养的”这种话骂过人，在我印象中，“疯子”已是我用过的最严厉的词了。

同马拉加的那场比赛，一名队友多次防守漏人，我冲他嚷了几句，大概是“你得盯住人”。主裁判跑了过来，将我驱逐出场，我当即目瞪口呆。这是完全错误的判罚，但不幸的是，它就这么发生了。后来在马德里召开的听证会上，纪律委员会没有接受我的解释，而是听信了主裁判的说辞。我本也没抱任何希望，最终被禁赛三场。在这三场比赛中，巴塞罗那队两负一平，经此变故，我们再想夺冠只能是空谈。那个赛季，马德里竞技获得了西甲冠军，终结了同城宿敌皇家马德里五连冠的脚步。直到现在我也始终认为，我的那张红牌是那个年代政治干扰比赛的最明显证据。所幸在那之后，很多事情在西班牙都有了改观。自 20 世纪 80 年代西班牙民主转型之后，巴塞罗那队夺得了 15 次联赛冠军，领先于皇家马德里的12次。

作为巴塞罗那队的球员，队内的生活棒极了。巴塞罗那也是适宜生活的绝佳之地，一切都十分美妙。再加上还有里努斯·米歇尔斯以及在我之后从阿贾克斯转来的约翰·内斯肯斯，我们从来也没丢失荷兰风味。美中不足的是，在西班牙期间，我花在家庭上的时间极为有限，因为只要我醒着，精力基本上都被足球占据。征战客场更是一大考验，我们通常是乘坐大巴或火车，有时要在夜间出发，这就意味着我们只能在旅途中睡觉。往来奔波苦，我几乎不怎么在家，有时真的让人精疲力竭。

我加盟巴塞罗那时，里努斯·米歇尔斯是球队主教练，但将我带到这家俱乐部的并不是他。后来听阿曼德·卡拉文讲，德甲的头号射手盖德·穆勒本是米歇尔斯的头号目标。我从未跟米歇尔斯论及此事，同样，他在言行中也从未暗示过我是他退而求其次的人选。正如在阿贾克斯时那样，在巴萨，他总是与我事先沟通，让我在场上统领全队。1975/1976赛季前，亨内斯·魏斯魏勒接替米歇尔斯成为巴萨新帅，情况发生了变化。我极少跟教练发生争执，但魏斯魏勒是个例外，他是唯一一位无法与我共事的教练。魏斯魏勒的问题主要在于，他总是试图告诉成年人应该怎么做，完全不管他们的能力是否匹配。他的方法能够奏效的前提是，球员得拥有相应的技术，然而，他似乎根本不考虑这一点，这让部分球员完全无所适从。

最后我忍不住去问他："你到底在做什么？你在让球员做一些他们不可能胜任的事。"魏斯魏勒大发雷霆，他认为我的态度不可理喻。这是典型的德国与荷兰训练理念之间的分歧。那个年代在德国，主教练一言九鼎，其他人都得无条件执行。而在荷兰，教练和球员间更倾向于协作，假如我们都认同某件事，就去做，否则就不做。那个赛季，我们最终落后皇家马德里位居次席。赛季结束前，魏斯魏勒就被炒了鱿鱼，他将之归咎于我。但是，如果他对镜自省，他应该清楚自己那一套并非只有我不适应，而是全队都不适应。魏斯魏勒同巴塞罗那是一场注定失败的联姻，类似情况在当下更是见怪不怪，这是错误的主教练入主错误的俱乐部的问题。

当我决定在 1978 年退役，我代表老东家踢了两场告别赛，然而，那两场比赛却预示着，我的足球生涯绝不会以这种方式结束。在巴塞罗那，巴萨 1 比 3 不敌阿贾克斯，后来在阿姆斯特丹组织的第二场比赛有如车祸现场，阿贾克斯 0 比 8 惨遭拜仁慕尼黑屠戮。你理想中的告别不应该是这个样子的。告别赛踢罢，我转而投身商海。这个决定是我人生中最重要的教训之一，或许没有之一。

它之所以发生，是因为那段时间我有些乱了方寸。我同岳父见面的时间一年只有三四次。我还在踢球时，科尔作为我的经纪人基本无事可做。我的合同签了好几年，条款早已是白纸黑字，我的 80% 甚至更多的时间花在了训练和比赛上。但是，从我挂靴的那一刻起，80% 的时间要用到其他事情上。我的固执在足球中很吃得开，但在其他领域，我却把它用错了地方。

具体名字我在这里就不列举了，但踢球这些年，我建立起了自己的社交圈子，其中一人建议我搞投资，那主意听上去相当靠谱。但很不幸，那是我一窍不通的商业领域，而且最傻的是，我跟这种事丝毫不沾边。我的无知遭到了利用，我手里有钱，但只要有钱的地方，就少不了蝇营狗苟之辈。你们都懂这个道理，现在我也懂了，但在当时我却全然不知。

信不信由你，我投资了一个养猪的项目。鬼知道我怎么会跟它扯上关系……如果你很享受做某件事，或者对某件事感兴趣，你或许可以解释为什么在它上面砸钱。但我自己也说不清原因，只是一头就扎了进去，就连丹妮也被我蒙在鼓里。有时候，你是意识不到自己有多蠢的，直到有人点醒你，让你不要再自欺欺人。这人向你发问："老天爷，你究竟在做什么？这就是你的未来吗？你想这样度过余生？"此时，你不得不老老实实地承认错误，自己真的对养猪没有丁点兴趣。我这是不撞南墙不回头，而且还撞得头破血流，没什么可为自己辩解的。

我一度以为自己已经上了道，但是，岳父再次来巴塞罗那看望我们时，却给我泼了一盆冷水。他询问我最近在忙什么，我答复说刚刚买了三块地，准备搞点名堂。科尔立马要求看一下地契，见我拿不出来，他臭骂了我一通。我已经付了款，但并没有让对方出具任何的文书，我丝毫不懂这套流程。

长话短说，没有地契，科尔确信我被骗了："你已经把钱给了对方，但你名下什么都没有。"见我茫然失措的样子，科尔的态度很坚决，他对我说："彻底打消经商的念头吧，接受失败，然后去做自己拿手的事。"

这已经够糟糕的了，但是，何塞普·路易斯·努涅斯到来之后变本加厉。1978年，他当选巴塞罗那俱乐部主席之后，很快就摆了我一道，而在后来，他又多次故技重施。多年来，西班牙球员都是由俱乐部代为纳税，从某个时候起，相关法规被重新修订，球员们不得不全部补缴税款。巴萨俱乐部声明将替球员承担这笔费用，而我却需要自掏腰包。由于我即将离开巴塞罗那，努涅斯就拒绝帮我支付，而这些钱都是我为俱乐部踢球挣来的。新赛季，努涅斯还要指望着其他球员，所以替他们解决了问题，但我到时已不在阵中，所以他就过河拆桥。

对于自己那段时间总共亏损了多少钱，我其实并没有概念，总之我的大部分财产都蒸发了。1979 年 3 月，我们住的公寓也被收回，全家被迫收拾行囊搬离出去。报纸登载的文章将我的损失估算为 600 万美元，我不清楚这个数字是否准确，但我确切知道的是，那是一大笔钱。

没过多长时间，我便重新振作了起来。其实，从失败中走出来的过程远没有想象那么难，因为我一点都不看重钱。我一直都由岳父帮着理财，他于 2008 年去世之后，我不得不在 30 年来第一次迈进银行的大门。我甚至都不知道自己的钱存在哪家银行，我总是尽量避开这种商业事务。

即使你现在问我拥有多少资产，我也无法告诉你答案，没有一点头绪。假如碰上什么问题，只需要让我知道就行了。那不是我生活的世界，也与我无关。我在第一次尝试碰壁之后，就再也没做过任何投资——没买过公寓，没买过地皮，什么都没做。我知道自己挣了些钱，也知道存在银行很多年了，但是，对于赚了多少利息，或者能有怎样的回报，我却没有概念。这听上去或许有些荒唐，但我就是提不起任何的兴趣。后来，一个外甥替我打理银行事务，他只要在遇到什么事时，及时知会我一声就好。

我就是这样的人，当时所犯的错误很快就被我抛诸脑后，这其中很重要的原因在于我相信人各有天命。我的命运很可能是：在当打之年选择退役，干了一些蠢到家的事，然后又重新回到球场。事实上，这就是我整个球员生涯的三个阶段。

在 31 岁时退役，我还足够年轻，重操旧业后能很快回到正确的轨道上。试想一下，假如同样的错误是 36 岁时犯下的，那我连迷途知返的机会都没了。好在我只有31岁，要想补救自己的过失不必费太大力气。我人生中的不少美好经历，是在我过完32岁生日之后发生的。如果当初我没犯那些错误，我很有可能就会错过许多美好的事情。

正是这个原因，让我深信福兮祸所伏的道理。在发现投资失败之后，我及时选择了复出。当遇到问题时，我一向十分务实。假如做不到亡羊补牢，我干脆就彻底收手不干，从头开始，翻开新的篇章，避免重蹈覆辙。不管是输掉一场世界杯决赛还是损失几百万美元，我总能很快找到其中的积极面。有人将之视为目光短浅，还有人视其为求生本能。我不知道这是否属于一种自我保护，但我就是这样的。好坏与否，我认为每段经历都是极好的。不管做任何事情，没有谁一开始就想着要把它搞砸。虽说已于事无补，但能做到事后诸葛亮也不错，更重要的是要从失败中吸取教训。我从商的短暂经历就此成为绝唱，在那之后，就我个人而言，几句话可以总结："好了，伙计们，这个翻篇了，洗洗睡吧，我们继续向前看。"

这次弯路促使我反思自己挂靴的决定，要想东山再起，除了回归足球，我别无他选。我最终意识到，如此年轻便放弃上天赐予的独一无二的才华，这绝不是明智之举。31岁实在太过年轻，幸好，我得到了将功补过的机会。自此之后，我便明晰了自己的定位——除足球圈之外，其他任何领域都不适合我。

我一直强调，既然想重整旗鼓，那就只能成功不能失败，这也是我努力的目标。在巴塞罗那的公寓被收回之后，我们决定前往美国开始全新生活。在我远离足球的半年时间里，各种各样的想法在脑海中翻腾，而我最初选择踢球的所有动力——自豪、激情、友情，却一下子消失殆尽。不过，一切的变故并未造成我的家庭关系不睦。尽管我是背着丹妮做的那些投资，尽管绑架事件阴影未散，我们天天担惊受怕，还要抚养三个孩子，但是，丹妮绝对是个贤内助，她帮我一起处理了很多问题。

最主要的是，她比我更知道怎样跟她父亲周旋。没错，我是酿下了大错，但科尔同样刻意夸大了我的问题。在同父亲的对话中，丹妮总是尽量从中找到一个平衡点。她还有着很强的组织能力，帮我协调了很多事。我俩有一点很像，那就是过去的事情就让它成为过去时，再不翻旧账。

我选择远赴美国，目的是开启人生全新征途，远离不堪往事。我从足食丰衣沦落到一贫如洗的田地，要想触底反弹，这里是理想之所。这是我一生所做的最佳决定之一，在美国，我又有了新的抱负，也找到了实现它的路径。我签约的是北美足球联赛（NASL）的洛杉矶阿兹特克队。外界有各种各样的传闻，说我曾与纽约宇宙队谈判过，但这根本就是捕风捉影，至少我个人从未想过，因为我可不愿意在人工草皮上踢球。在那上面打棒球或是美式橄榄球还好，因为这些运动主要是用手玩的。在我看来，美国的人工草皮是用来在上面跑步的，而不是为了踢真正的足球。

不过，我确实代表宇宙队踢过一场表演赛，弗朗茨·贝肯鲍尔是他们的签约球员，也参加了那场比赛。宇宙俱乐部的老板是艾哈迈德·厄特根和内苏希·厄特根两兄弟，他们也是太平洋唱片公司的大老板，我同厄特根兄弟有过交流，但我们仅限于探讨，从没进行过实质性的谈判。巨人体育场很漂亮也很壮观，但有过一次在人工草皮踢球的经历之后，我就再也不想尝试了。

彼时的人工草相比今天的可是大相径庭，它就像块地毯，有时会导致你的脚底磨出巨大的水疱，而且皮球落地之后的反弹轨迹也让我极不适应。美国人觉得这很精彩，但在我看来，在一块地毯上踢足球实属天方夜谭。我到美国的确是想踢职业足球，但前提条件是这支队必须有天然草皮球场。所以，阿兹特克队是最理想的选择，他们的玫瑰碗体育场绿草如茵，我在北美足球联赛效力的另一家俱乐部华盛顿外交官同样如此。当然，我当初选择阿兹特克队，里努斯·米歇尔斯在此执教也是原因之一。就这样，经历了7个月的窘迫之后，我又重新回到了正轨。

签约前后的过程是典型的美国方式，每一个环节都是速战速决，最终一切都在一天内搞定。我随后得知，我要坐5小时后的航班从西班牙飞到美国，有人已经给我订好了机票，因为他们希望我当晚就能代表阿兹特克队亮相。这听上去不可思议，但却真实地发生了：经过12小时的飞行我抵达美国，而在落地4小时之后，我就出现在了球场上。直到在更衣室见到米歇尔斯，我都没来得及同自己新俱乐部的经理联系，交流一下我的转会情况。

那场比赛我踢了大概70分钟，打进2球，这样的表现足够有说服力，让人们相信我物有所值。还有一件事不能不提，赛后，米歇尔斯来到我居住的宾馆，亲自给我做按摩。比赛时我都快累瘫了，他都看在眼里。很显然，在当教练的过程中，他学会了按摩，而且手法相当到位。这就是米歇尔斯的奇特之处：他总是铁面无情，但同时又体贴入微。

美国真的是白板一块，那些对我的遭遇幸灾乐祸的人都远在欧洲，而我在新世界里重新找回了自我。一个全新的世界，同样让我充满期待。这里的生活多姿多彩，我一点都不觉得枯燥。而且，洛杉矶距离度假胜地夏威夷仅有 5 小时的航程，我们还去那里度过几次完美的假期。不理想的是，阿兹特克俱乐部后来被转让给了墨西哥电视集团，墨西哥人想把它变成拉美球员的专属领地，所以我同新投资人对俱乐部的愿景相悖。华盛顿外交官队的老板闻风而至，他们很快便达成了协议。

我个人没有提出过转会申请，也没人问我是否想离开，或者我想去哪儿，但我就这样被卖给了新俱乐部。这就是北美足球联赛的运作模式，我不跟俱乐部签合同，而只是同管理联赛的联盟（NASL）签。很有可能某天你来球队训练，却发现自己已经被卖到了另一家俱乐部，而且必须要在 48 小时之内到达美国的另一端。不管你是多大的腕儿，你都得乖乖地前往机场。那个年代没有自由球员一说，赛季半程阶段，“裁员及交易”条款就会生效。假如当时你有伤在身，你的合同就有被解除的风险。在欧洲，有“俱乐部如家”的观念，而这里却不存在，一切都是生意，与我习惯的思维方式相去甚远。赛季半程时，你要么竞技状态良好，你可以继续踢下去，要么你就被扫地出门，有新人来填补你的空缺。

君子协定应该适用于足球圈，我的这一观点正是源自在美国的经历 —— 比如俱乐部之间应达成一致，限制每队的外援人数，或者就如何共同提高年轻球员的实力取得共识 —— 几方握手即可加以敲定，目的也是为了更好地平衡不同球队，互相帮扶以保持高水准。美国体育界对于合作共赢重要性的理解，比世界上其他任何地方都要透彻，这也是美国的特权会员队模式同欧洲的俱乐部模式之间的巨大差异。在欧洲，每个人都为了各自利益奔忙，很多人心态不正，不考虑怎样尽可能提升运动项目本身的水平。而在特权会员队模式下，项目发展是做好一切的先决条件。美国人只要做，就想做到最好。

在墨西哥人入主之后，我离开了阿兹特克队，由美国西海岸来到了东海岸。起初我兴味索然，时值3月，我在洛杉矶可以穿着短裤到处走，而华盛顿的雪尚有半米多厚。然而，刚到华盛顿，我便被彻底征服了。所有的一切让我大开眼界，对于这次转会，我非常满意。回想起来，我在那儿度过的两年实在妙不可言。华盛顿是一座独一无二的城市，那里的每个人都像是匆匆过客，我接触的人当中没有一个是土生土长的当地人。那里的一切也都离不开政治，由于外交官俱乐部的主席是民主党人，故而我也得到了民主党的关切。肯尼迪家族的太太们试图帮我找到居所，起初我还没明白是怎么回事，后来才想到这大概因为我是个名人。

我家邻居是时任世界银行行长罗伯特·麦克纳马拉，他在世界政坛可是位响当当的人物，在约翰·肯尼迪总统执政期间担任过美国国防部部长。早上5点，我常见他一身短打到公园跑步，到了7点，一辆挂着美国国旗的豪华轿车会准时停在他家门口。同时，麦克纳马拉人也相当不错，在日常生活中，他给我们提供了很多建议，比如孩子们去哪所学校上学好，到哪儿买面包和蔬菜最好等。我平时都骑单车去球队训练，因为沿途环境优美，在那儿骑车感觉棒极了。

华盛顿是一个极端世界，但它真心是个好地方，而且让我获益匪浅。举例来说，华盛顿外交官俱乐部的母公司同时拥有纽约麦迪逊广场花园，我们的总经理安迪·多利希曾在“花园”接受过专业培训，他运营外交官俱乐部的方式让我大长见识。后来，安迪掌管奥克兰运动家棒球俱乐部赢得了世界大赛（译者注：即美国职业棒球大联盟总冠军赛）的冠军，对此我丝毫不感到意外，而且他在金州勇士、孟菲斯灰熊和旧金山49人也都干得风生水起。所以，一位在棒球、篮球和美式橄榄球最高领域都游刃有余的人，成了我在华盛顿外交官的良师益友。真得感谢同多利希这样的人共事的经历，我对足球这个行当有了透彻的认知。我能摸透球员想什么，教练想什么，赞助商们想什么，我也很清楚当这三方交织在一起时的利害关系。

在华盛顿，我对最高水平的体育有了全新的体会，因为美国体育就是要争取达到顶尖水准，这种思维方式早已根植于他们的基因。美国同欧洲最大的区别在于，美国的体育文化是以学校体育为基础，而欧洲的体育推行的是俱乐部机制。在欧洲，你要想有进一步的发展，首先必须有俱乐部的球探相中你，而在美国，体育重要到它是学校核心课程之一。每个人都要去学校上学，所以大家的机会是均等的。这与大西洋对岸的欧洲截然不同，在欧洲，体育和学业是完全独立的门类，学校教育是一码事，体育是另一码事。这个概念是错误的，它们其实相辅相成，除非你自己练的是不同级别的体育。美国在这方面做得相当出色，一个孩子长大后可能会成为医生、律师，也可能是美式橄榄球运动员。这些职业规划并非风马牛不相及，恰恰相反，它们都是息息相关的。在美国人的观念里，学习和体育是同一枚硬币的两面。我们欧洲人将它们割裂开，美国人则等同视之。这就是为什么在美国，一位真正的爱因斯坦可以深谙体育，而一位真正的运动员也能领会爱因斯坦。

在欧洲，运动员经常被认为四肢发达、头脑简单。这当然是种偏见，你要是不够聪明的话，想成为优秀的运动员，那是不可能的。不久前，我从朋友那里听来一个精彩的故事，他同曾效力过休斯敦火箭队的中国篮球明星姚明有过一番对话，聊到谁是姚明职业生涯遇到的最强劲对手时，姚认为是沙奎尔·奥尼尔。

姚明对此的解释在我看来既巧妙又独到。面对姚明时，奥尼尔发现眼前是一名跟自己块头差不多的球员，身高、力量都相差无几。在前两次直接对话中，姚明从奥尼尔手中抢走了篮球，但从此之后，他再也没占到太大便宜。据姚所说，每名中锋都会把自己在篮下遇到的100种情况存储在大脑里，从1到100排好序。这样的话，在任何比赛中，他只需选中正确的数字，凭直觉就能知道自己该做什么。

但对奥尼尔来说，他在姚明身上遭遇了新情况，因为他之前从未跟姚明这样的对手交锋过。然而，奥尼尔似乎能在瞬间对新局面做出分析，将它们添加进自己大脑的数据库中，所以在短短的5分钟之内，他的系统就有了异变的101和102号，就此压制住了姚明。只有聪慧的运动员才能做到这一点，愚笨的选手肯定没戏。我本人就常说，你要用脑子踢球，腿只是用来奔跑的。

假如以这样的方式看待体育和智力，你就可以从更宽广的视角来审视体育与社会的关联，也能抵制很多在欧洲体育圈里根深蒂固的狭隘思想。话说回来，同欧洲比，美国体育界的机会虽然更多，但同时，你想利用这种优势的难度也更大，因为参与竞争的人数要多得多。我们或许有5名球员竞争场上的一个位置，而他们有500人。内部斗争更激烈，这就不可避免地产生出不同的心态。

美国人还非常重视数据统计，已出现或未出现的情况都换算出百分比。比如，投篮命中率为80%的球员或被认为表现糟糕，而命中率达到90%的球员才够得上优秀。但我认为，用这种方式评判球员的表现值得商榷。可以肯定的是，我根据自己的经验做出的判断，完全不同于仅凭数字得出的结论。如果里奥内尔·梅西每射

10 脚门能攻入 3 球，他可能会遭到唯数据论者的批评，因为他的进球率只有 30%。我想说的是：你只管去模仿梅西，看自己能否达到他的水平。那几乎是不可能的。

比利 · 比恩是最早参透这一点的人。这位奥克兰运动家棒球队的高人从不同的角度解读数据统计，获得了出人意料的成功。他深知魔鬼或许存在于细节之中，前提是你得有能力发现细节。如此说来，事实并不一定只包含于像“70% 的比赛胜率”这样显眼的数据中，同时也包含在微小的数字里，1%、2% 的闪光或失误都会让结果大相径庭 —— 一切都取决于你如何看待这些数据。在很多情况下，起决定性作用的不是一些重大失误或重要时刻，反而是一次轻微滑倒或精巧触球。遇上这样的细微时刻，你要么尽量减少损失，要么加以充分利用。所以我的观点是，数据统计的重要性永远都不可能大过实际的表现，数据只是辅助，眼见才能为实。比恩是领会这个道理的第一人，重要的是，1974 年世界杯上荷兰队采用的全攻全守战术让他深受启发。左后卫可以去踢右前卫，被称作定位球专家的球员也能胜任其他位置，比恩对这样的打法饶有兴致，他由此开始变换视角来分析棒球运动员。

我还注意到在美国，顶级体育赛事的主要目的是娱乐大众。我曾不厌其烦地讲过，体育本应如此。我甚为欣喜地看到，在世界第一大体育强国，人们的想法与我不谋而合。观众们辛苦工作了一周，他们希望看到的比赛能让自己满意，等离开体育场时，可以心情舒畅地回家。要达到这个目的有多种方式，既可以是胜利，也可以是全身心的投入，哪怕比赛结果不一定如愿。对此，你必须学会辩证地看问题。尽管这已是陈词滥调，但胜利并不意味着全部，我始终笃信这一点。当然了，追求胜利总归是必需的，而更重要的是如何去做。你需要充分认识到公众期待的是什么，并尽力去满足他们。相比世界其他任何地方而言，美国人对此的理解要更透彻。对于球迷们想在球场上看到什么，想买什么，想喝什么，想吃什么，他们都知道得一清二楚。

尽管我在北美足球联赛效力期间，这里还属于足球荒漠，但美国人对体育的理解同样适用于足球。一方面，我在一个专业化运转的组织踢顶级联赛，另一方面，我要在一个电视节目中，首先向观众解释足球场有多大，场地是绿色的，画线的作用是什么。对很多美国人来说，足球毕竟是新事物，我必须从头介绍。在我的节目里，我讲解了正确踢球的姿势，以及比赛中可能会出现的兴趣点等。这样的反差其实非常有趣：我在顶级联赛踢球，同时，我又像身处孩子们的操场一样。但这种普及还是有效果的。华盛顿到处都有意大利人，他们大多数人都喜欢足球。还有英国人，带动了他们身边的美国人对足球产生兴趣。事实上，美国很多人都或多或少接触过足球，但他们仍需内行人在电视上加以阐述。

为什么是我？原因很简单，在美国，假如你有名气，你就能获得很多机会，我得到的一个机会便是有了自己的电视节目。这可谓真正的天时地利。意大利和英国的足球教练们喜不自禁。电视台突然间开始关注足球了，甚至连训练课都有转播，而假如什么事情上了电视，它一定就是大事。越来越多的人参与其中，足球的知名度如滚雪球般迅速提升，我为自己是其中一员甚感欣慰。

在华盛顿，我也有了从事公益活动的初体验，这在日后促使我成立了自己的基金会。前文提到过，华盛顿外交官俱乐部的主席是民主党人，通过他，我同肯尼迪家族有了联系。有一次，约翰·肯尼迪的妹妹尤妮斯·肯尼迪·施莱弗邀请我成为世界特殊奥运会的大使，这是她为有智力缺陷的运动员创办的组织，如今已是全球闻名。几年前，我同她一起出席了波兰特奥会的开幕式，对此我深感荣幸。

效力华盛顿外交官队的第一个赛季，创办个人基金会的种子便已深植我心。起初，我只是把手头的事当作自己职责的一部分，后来我终于意识到这件事的非凡意义。不过坦白地说，我可不能把所有的功劳都揽在自己身上。加盟华盛顿外交官队时，我被告知每逢客场比赛，我必须给那里的残疾儿童举办训练课。刚开始我觉得这难度有些大，几个月过后，我表示自己准备打退堂鼓，因为它实在是毫无意义。每次我指导孩子们朝某个方向踢球，他们总是踢向相反的方向。

我把想法告诉组织方后，他们给我看了一段我教课的录像，并且要我别管皮球滚到了哪儿，而是盯住孩子们还有他们父母的眼睛。我看到了自己带给他们的快乐，即使只是简单地踢一脚球，都是他们之前从未尝试的。当然，他们在足球上哪怕提高一点点，都需要花费很长的时间，但问题的关键不在这儿，而在于他们通过踢球，正在努力改善自己身体的协调性。组织方还补充说："当你下次再来，你会看到一个面貌一新的孩子，完全变了个人。仅仅是能做到用脚碰球了，他们也可以获得极大的满足。"

这番解释真的让我恍然大悟。突然之间，我发现自己给他人带来的幸福，我开始享受这种培训，也试着用不同的方式来看待事情、思考问题。我不再灰心丧气，反而从自己所做的事情中体验到了无法比拟的成就感。我的付出实际上并不多，但却能带来巨大的变化。举个例子，邻居家的小男孩患有唐氏综合征，一天，他拿着足球来到我家花园，我便教他如何射门，如何用头顶球等一些技巧，这样大概持续了一两个月。有一次我从外地旅行回来，见他正在街上同一群孩子踢球。看到我后，他跑过来扑到我的怀里，又亲了我两下。能加入其他小伙伴一起踢球，他感到非常开心。或者更准确地说，是那些孩子允许他参与进来的。不管怎样，这样一件小事给了我惊人的自信，自己正在做一件值得称道的好事。

这在其他方面也会产生积极影响。天气炎热时，男孩的家人必须每时每刻都要特别留意。他们家有个游泳池，做父母的很担心自己不会游泳的儿子，怕他万一哪天不慎落水溺亡。有天我在泳池游泳，男孩一见我就冲我跑来，然后一头扎进了水里，他似乎忘记了什么是害怕。从足球中获得的自信帮助他战胜了对水的恐惧，这样一来他就可以学着游泳了。

我随即意识到，举手之劳的一点点帮助，足可以改变一个孩子的一生。些许的努力却能带来超高的回报，这是我学到的一堂人生课。除足球之外，参与特奥会的经历同样让我得出了这样的结论。正因如此，我同那些唯胜利论者发生了龃龉，他们不停宣扬胜利才是职业体育的圣杯。比赛结果固然重要，但最重要的还是球迷——那些血管中流淌着俱乐部血液的人，你需要带给他们好的感受。有些人对此或许持不同意见，但我是一个极为理想化的职业运动员，我很清楚自己在说什么。我从小在阿贾克斯长大，尽管后来因为发生各种矛盾，我三次离开俱乐部，但是作为球迷，每当阿贾克斯成绩出色时，我都会感到由衷高兴。

大约35年之后，美国国家足球队的世界排名进入了前25名，国内联赛的球场上座率越来越高，对此我丝毫不觉得意外。美国人有能力迈向成功，他们可以正视自己的不足，并尽全力予以纠正，因为成功是他们追求的目标。当然，这种思维方式也并非没有弊端。自2011年起担任美国队主帅的尤尔根·克林斯曼经常选不出自己的最佳阵容，因为他不得不照顾到每支球队，比如说，他不可能从一家俱乐部提拔4名球员。原因在于，每家俱乐部作为特权会员队，都对美国政府财政收入有所贡献，它们都需要向本队球迷推出自己的国脚。我不知道现状是否仍然如此，但我很清楚教练在这个问题上所受的局限，假如积重难返的话，这会阻碍国家队水平的提高。

体育是美国教育体系不可或缺的一环，这激励着更多的孩子投身体育，同时也意味着参与人数越多，各俱乐部的人才蓄水池自然会越大。发展到现在，美国各级足球队的实力都很强，优秀的球员层出不穷。对世界上任何一支球队来说，不管是面对美国国家队还是职业大联盟的俱乐部队时，都不会感到太轻松。不过话说回来，美国足球还达不到超一流水准，也还没诞生超级巨星，而天才是可以改变一切的。

这些都离不开顶层设计，它跟日常训练、专业培训、比赛战术密切相关，因为那个天赋异禀之才虽说终将横空出世，但他是需要经过培育的。这一规律至今没有出现过例外，我认为这正反衬出美国体育制度存在的缺陷。不光是足球，再看看高尔夫或骑马，所有人都千篇一律，严格遵照规则手册去做，这在日常生活中随处可见。规章制度设置了不少，但你的爱因斯坦在哪儿？标新立异者又在哪儿？假如美国足球在这些事情上再灵活一些，横亘在成功道路上的一大障碍就会被移除。

总体来说，我在美国收获颇丰，很多经验都被我应用到了日后的生活中。我们刚刚住进华盛顿的家里，就有俱乐部的人打来电话，急于想知道我们购买了哪种责任保险。我满腹狐疑：什么责任呢？我得知，你甚至需要为自己家门口的台阶投保，因为如果有人在上面滑倒，你会被告上法庭，就惹上麻烦了。闻听此言，我简直不敢相信自己的耳朵。那人接着说，他可以声称我家台阶上有块香蕉皮，就算我对此一头雾水，那也无济于事，因为他自己可以丢下一块香蕉皮然后拍照为证。“你真的需要牢记这类事情。”俱乐部的人说。

你不得不开始改变自己思考问题的方式。对这些荒唐的信息，你不能不以为然或者拒绝接受，而是让自己的脑袋转过弯儿来，面对现实。最后我对那人说：“好的，如果你能帮我们买好保险，就太感谢你了。”我原本可以好好挖苦一番他的国家的法律体系，但我当时的想法是，俱乐部替你考虑到了那么细致的问题，这实际上很不一般。对此你不会觉得好笑，内心反而充满了敬意。

这也是欧洲俱乐部管理不够完善之处，我们很少或者从未花费心思去预知可能存在的困难。由此，你总会遇到这样的头疼事：有些球员家境贫困但球技不俗，一朝暴富后又误入歧途。假如你是他们中的一个，试着换位思考一下。事实上，几乎没有一家欧洲俱乐部会考虑这样的事情，因为这个世界两极分化太严重了。董事会、主管还有经理们本应密切关注此类事，但他们没有相同的生活经历，难以理解这些球员的成长背景，所以就无法换位思考。谁来引导这些球员，谁来帮助他们重新走正道？就这种事而言，在欧洲，我们还有很长的路要走。

效力阿兹特克和外交官队期间，我在美国度过了三个美好、有益的赛季，对自己的生活进行了全面梳理。那也是一段收获满满的时光，我被洛杉矶市长汤姆·布拉德利授予荣誉市民，还成为北美特奥会荣誉董事。与此同时，我学到了很多专业管理的经验，这得益于我同众多专业人士一起共事，并且身处一个积极进取的氛围——从球票销售人员到装备管理员，所有人的目标都是为了提升球队表现。

同样是在美国，我开始考虑成立自己的基金会和足球学校。要感谢我参与特奥会的经历，再加上对美国“体教结合”这一方式的理解，使得我当初所做的探索在15年后付诸实施。在那个足球刚起步的大陆，我同贝利、弗朗茨·贝肯鲍尔、约翰·内斯肯斯等人一起，成了美国足球复兴崛起的开路先锋。即使时至今日，我也为自己能成为其中一员而感到骄傲。看到那里的足球已取得长足进步，我知道美国队夺得世界杯冠军仅仅是时间问题。作为一名足球爱好者，我认为那就太棒了。

5

在巅峰中告别

我于1981年结束了在美国的足球生涯，之后我又多次故地重游。就体育来说，美国是一个有趣且催人奋进的国家，在那里的3年时间，我尽一切可能学习他们体系中的长处，思考了很多事情，也重新回到了赛场继续踢球。那是一段美妙的时光，但从球员角度看，这对我而言并不够。我还可以付出更多，也希望能得到更多。在北美足球联赛的赛季休战期，为保持状态，我回到阿贾克斯随队一起训练，那种感觉变得更为强烈。同荷甲一线队主力球员对抗时，我完全不落下风，最终我决定迈出这一步——重回荷兰踢球。在西班牙莱万特队短暂停留之后，我决心回到阿姆斯特丹。

再次为阿贾克斯效力的感觉很奇妙。那是一支年轻的球队，队员们也都盼望着能和我并肩作战。然而，我很快便碰到了难题。在美国期间，我已经习惯了那里的管理者如何运营俱乐部，因此在我看来，足球的成功不再仅仅局限于场上成绩好，同样体现在管理俱乐部的方式、目的上。在球场之外，我对自己所见并不满意。

幸好在场上，阿贾克斯还是阿贾克斯。他们获得了1979/1980赛季的联赛冠军，队中有多名年轻新秀。我重返球队时34岁，同球队的小伙子们都很处得来，像弗兰克·里杰卡尔德、马尔科·范巴斯滕等。无论从哪方面来说，我一下子成了球队领袖。首先在球场上，我必须从第一天起就拿出有说服力的表现，我需要证明些什么。每个人都对这个“二进宫”的老家伙戳戳点点，荷兰人就是这样，只去看到事物的消极面。还好我足够幸运，在同哈勒姆队的比赛中早早便取得了进球，而且还非常精彩。所有人惊得下巴都掉了，那些批评家们不得不闭上了嘴，因为我这个老家伙看上去身手依然不俗。

从此，我在场上大部分时间都“罩着”其他队员，事实上这正是阿贾克斯重新签下我的初衷。到了职业生涯这个阶段，我除了门将位置之外，前锋、中场、清道夫都踢过，所以对我来说已经没什么新鲜的了。不过，我面对是全新一代的球员，有人会帮他们打理很多事情，而在十多年前，我们得自己动手。他们成长的方式和习惯符合自身内在逻辑，但是作为一名顶尖球员，你必须时刻都要思考，必须有临场应变能力。如果你踏入球场时便已心中有数，这自然就会被你带到比赛中。

我这里主要谈的是社会层面的问题，以及确定无疑的事情。我母亲和太太仍会帮我洗沾满了泥的脏球衣，但那些年轻人则不然，早上的时候，有人会替他们把装备摆在更衣室里。我们那时的球员家里没有和蔼的老阿姨，帮着把咖啡、鲜榨果汁、三明治和意大利面准备好。那会儿什么都没有，真的是什么都没有。回到阿贾克斯之后，我看到的情况是球员生活条件好了，责任感却在减退。自己擦洗球鞋的球员？我一个都没看到。自己不擦球鞋，你就不会了解它，所以，在热身的时候，球员们会跑过来笑着说：“噢，是的，我不得不换一下我的鞋钉。”他们训练中有很多不好的习惯，我尽量帮着去纠正。

继里努斯·米歇尔斯和斯特凡·科瓦奇之后，我在阿贾克斯合作的又一个教练是库尔特·林德，从他那里我学到了很多。1981年12月，我同阿贾克斯签订新合同，以球员身份再次亮相德米尔球场，林德对我说的第一句话就是："你现在这个年龄，不要练得太狠了，得格外小心别让你这台机器熄火了。"

所以在训练中，我不必跟年轻球员一样跑那么多、那么快，因为在林德看来，那没有必要。他还时不时地关切我，要我避免受伤。一年之后，林德离开了阿贾克斯，接替他的是阿德·德莫斯。作为教练来讲，德莫斯还很年轻，他与我同岁，想从我身上学点东西。

如果有人想这么做，最开始你其实意识不到。他问一些事，说一些话，然后你只是把自己的见解说出来，并不会去想：嘿，我要给他上上课了。不是这样的。仅仅是聊到某个话题之后，你们开始展开讨论而已。即使有些事情我比他懂，我们之间也从来没有红过脸。

总的来说，无论是在球场上还是更衣室内，我的一切都很顺利。我前面说过，我对董事会的一些做法感到不快。感谢我在华盛顿外交官队的经历，同安迪·多利希这样一位超级经理共事，让我能够观察出很多领域都存在改进的空间。特别是我在阿贾克斯的第二个赛季之后，我对俱乐部的不满进一步加剧。

首先还是要从头说起。返回荷兰，也就是说我回到了税率高达70%的土地上。我的工资是荷兰职业足球规定的上限，阿贾克斯俱乐部付给我的不能高于这个数。不过，在谈判过程中，我的顾问告诉我，俱乐部可以为我设立一个奖励基金，与工资完全独立结算。

科尔提出了一个漂亮的方案，依据是我的出场可以提升球场上座率。具体来说，假设阿贾克斯主场比赛时，一般情况下每场的观众人数为 1 万人，我们的计划是：如果我上场比赛吸引来了更多的观众，那么超出 1 万人的门票收入由我同俱乐部均分。倘若现场来了 2 万人，阿贾克斯将得到 5000 张球票的收入，而另外 5000 张球票的收益则成为我的奖金。

我回到阿贾克斯的第一年，球队赢得了联赛冠军，球场内吸引了大批观众，也让我赚了个盆满钵满。当然，这笔基金我一开始还不能动，需要过一段时间才可以用，但奖金方案大获成功。第二年更是如此，特别是因为阿贾克斯的很多比赛被安排在了阿姆斯特丹奥林匹克体育场进行，那里可以容纳 5 万人，几乎是德米尔球场的 2 倍。

不管怎样，我们在成绩出色的同时，也娱乐了大众。当诸事顺遂时，有时你会迸发出灵感火花，比如由两名球员来罚点球。在阿贾克斯同海尔蒙德体育的比赛中，我跟杰斯珀·奥尔森就这样玩了一把。由于双方实力对比过于悬殊，比赛过程波澜不惊，所以，当我们获得点球机会后，我们决定给球迷来点刺激。我在主罚时没有直接射门，而是将球横敲给了后插上的杰斯珀。对方门将一下子蒙了，当他回过神儿来扑向杰斯珀时，杰斯珀又把球回传给了我，我的位置处于球的后面，因此并不越位，我很轻松地将球推射进了空门。观众看了大呼过瘾。

那个赛季各方面都很顺，除了一点：俱乐部董事会认定我挣得太多了。“但是你们拿得不是跟我一样多吗？”我反唇相讥，“你们为什么一边往自己兜里揣钱，却又一边对我眼红？你们什么时候有过这么多观众？”但他们并不认同我的观点，争端由此而起。

与此同时，我岳父同费耶诺德俱乐部有了很好的接触。听说我与阿贾克斯的分歧之后，他们当即表示："来我们这里吧，我们可以设立同样的奖金制度。"这当然很有吸引力，因为费耶诺德主体育场的容量为4.7万人。

于是，我最终决定改换门庭。1982/1983赛季结束后，我同费耶诺德签约。阿贾克斯始终是我挚爱的俱乐部，但它的管理者却拒绝与我共处。据我耳闻，他们在背后说我年龄已经太大，身体也胖得不行了，而且体重还在增加。我不得不应对他们的这些负面言论，而且他们要求我接受普通工资水平，这我岂能答应。

必须得说，我在费耶诺德过得很愉快，简直是棒极了。阿贾克斯同费耶诺德是水火不容的宿敌，所以我刚到费耶诺德时仍被他们的球迷视作恶人。我不得不让他们相信我的诚意，同时还要确保球队赢球。就跟我在巴塞罗那、洛杉矶阿兹特克、华盛顿外交官和阿贾克斯时一样，我在自己的费耶诺德首秀中就征服了球迷。那是在鹿特丹锦标赛中，我攻入了一粒精彩绝伦的进球。全场球迷欢声雷动，紧接着，他们突然意识到，自己是在为一个曾经仇视的人欢呼，整座体育场的气氛一度显得十分尴尬。但是，当球迷看到我的队友们那股高兴劲儿后，坚冰被打破了。作为完美收官，我们最终夺得了这次锦标赛的冠军。

总有人明里暗里地说，在我球员生涯的最后3年，我的那些教练都是摆设，因为真正在球队发号施令的是我。纯粹是胡编乱造。在最高级别的体育层面，那是根本行不通的。我始终都记得，保障我这台机器持续运转的人是库尔特·林德。阿德·德莫斯对我来说是个新名字，但我们之间的合作很默契。在费耶诺德，泰斯·利布雷茨的态度实际上跟林德一致，当球队进行越野跑训练时，他总是跟我说跑多远都没关系："你跟队里其他人一起跑，看看能坚持多长时间。”

至于技战术方面，不要忘了，在我还是球队小字辈的时候，里努斯·米歇尔斯就让我在场上承担起掌控全局的责任。比赛中，什么时候该让谁压上或是回撤，什么时候该做什么对球队最有利，我在18岁时便已了然于心。当然，到1974年世界杯时，我做起来更是随心所欲，甚至都不用经过思考。所以说，我的“妄自尊大”是根本不存在的，在实际运行中更非如此，何况在比赛时，你在一定程度上还得负责球队的战术。同样地，林德、德莫斯或利布雷茨负责训练，而我只管踢球，这也是不可能出现的情况，因为它需要各方的通力合作。如果我替一位糟糕的主教练补台，或者一位出色的教练弥补我的缺陷，要想取得好成绩绝对没戏。返回荷兰之后的3个赛季中，我赢得了3次联赛冠军和2次荷兰杯冠军，如若没有顶尖专业人士之间的良好协作，这无异于痴人说梦。

一切都与顺畅的沟通有关。主教练在场边临场指挥，而我需要保证他的意图能在场上得到贯彻——这再正常不过了，更何况足球比赛中不设暂停。主教练可以在赛前和中场休息时给全队训话，但是在比赛过程中，当现场有5万人高歌呐喊，你试图向远端的球员发号施令，那是不现实的。这个时候，你就需要场上有个人，替主教练密切关注战局。

正是基于这个原因，如果足球从靠近教练席的边线出界之后，我总是过去掷界外球。利用这个空当，主教练赶紧叮嘱我几句该注意的地方，或者我也会问他点什么。这并不是因为我觉得自己比其他人优秀，而是专业化思维方式的一部分。对主教练以及他在场上的安排，尊重始终都是至关重要的。这就是为什么我从未与教练起过冲突，或者说几乎没有过。在亨内斯·魏斯魏勒执教巴塞罗那的那一年，他是唯一的特例。除此之外，我没跟任何教练产生过嫌隙。

作为球员的最后一年，我在费耶诺德的经历有如一个盛大的派对。我同利布雷茨合作得很棒，而且，我们拥有路德·古利特、安德烈·胡克斯特拉等一大批尖子球员，还有约普·希勒、本·韦恩斯特克斯、斯坦利·布拉德等球员，那个赛季，每名球员都处于极佳的竞技状态。就我自己而言，赛季开始前，我便打定主意要给新东家展现点特别的。我的确做到了，而且还不止一点。回想起来，我仍然觉得不可思议。那究竟是怎样发生的啊？想想吧，赛季初我们曾在阿姆斯特丹奥林匹克体育场 2 比 8 惨遭阿贾克斯血洗，外界的嘲讽挖苦一股脑地涌来。但是人们忘了，这样一种遭遇通常意味着否极泰来的开始，事实恰是如此。

那场 2 比 8 之后，我们赢得了一切，真的是一切：荷兰杯冠军，荷甲冠军，我个人则荣膺联赛最佳球员。在复活节前后，费耶诺德俱乐部就有意与我续签合同。但在当时，我们要在周六和周一连踢两场比赛，第二场比赛后的次日早上，我常感到浑身酸痛，下楼都一瘸一拐的，想要回到楼上基本做不到了。我跟丹妮说："我没法坚持下去了，就此打住吧，是时候结束了。"如果说 1978 年那两场灾难性的告别赛预示着我不会就此诀别的话，5 年之后，我迎来了一个童话般的告别机会——在巅峰中急流勇退。彼时，阿贾克斯和费耶诺德的球迷仍津津乐道于我在场上的表演，我也赢得了很多荣誉，3 年内三夺联赛冠军、两夺杯赛冠军，这已经足够了。所以，以这样的方式结束再好不过。

我要澄清一个误解，那就是我的行为从未被怨恨驱使过。就连 1983 年那会儿也没有，当时阿贾克斯俱乐部把我像垃圾一样扔出去，我只是想通过加盟费耶诺德来发泄自己对阿贾克斯的愤怒。人们普遍认为，我寻求所谓的复仇是因为我的自尊受到了伤害，事实上，这两者并没有多大关系。涉及我的这类事情，从来就不像想象的那么简单。

1983 年，我的继父亨克叔叔撒手人寰，巨大的悲痛也影响了我在阿贾克斯队的状态。俱乐部董事会知道内情，但是，他们却满世界讲了各种关于我的根本站不住脚的故事，我在内心深受伤害的状态下投奔了费耶诺德。自此之后，在继父精神的感召下，我决意倾注所有力量来结束职业生涯。那给了我难以置信的动力，使我在 37 岁的年龄赢得可以赢得的一切：荷甲、荷兰杯、最佳球员。他的去世激发出我内心巨大的能量，至今仍让我感到惊奇。

1984 年在费耶诺德退役之后，我决定以旁观者的姿态观察一年。远距离审视足球让我有耳目一新之感，荷兰队为什么会接连无缘 1984 年欧洲杯和 1982 年、1986 年两届世界杯，我心中也已有了答案。各级教练及青训营的水准都令人担忧，调研期间，我发现很多俱乐部专业人才严重匮乏，缺少有能力帮助职业球员进一步打磨技术、力求达到完美的人。很多人提出过各种理论，但大都是泛泛之谈，真正说到点上的并不多。

我刚开始踢球时，雅尼·范德费恩是阿贾克斯青年队的教练，他曾是个出色的球员，从自己教练那里学到了实践经验，他的执教正是以此为基础。在训练中，他将个人见解同自己所学相结合，传递给新生代的球员。我记得赶上坏天气时，我们青年队不得不在大厅训练。事实上，这样的训练没必要搞得多复杂，我甚至认为它毫无必要。不过，范德费恩想出了一些头球游戏 —— 除了这个，你在大厅什么都做不了。他撑开一张网，让两边各站一队进行顶球比赛。通过这种方式，我们完善了一项必要技能。

后来在1972年同国际米兰的欧洲冠军杯决赛中，我用头球攻入了锁定胜局的第二个进球。尽管我这样的身高去争顶头球还不足够高，但我当时的头球技术运用得相当完美，这要感谢我的青年队教练在雨天训练时想出的方法。之后，荷兰足协做出了一项重大的政策调整。你要想成为教练，拥有相应文凭成了硬性指标。但是，什么样的球员去修读这样的文凭呢？显然不是那些在街头踢足球的人。不管怎样，你只有经过4年学习才有资格当教练，这些是全新类型的教练员。

以我自己为例，我不可能边踢球边学习。等我空闲下来时，学校已经下课了，他们不可能为我个人开绿灯。后来我创办克鲁伊夫学院，试图帮运动员解决这个难题，但在当时，人们可不是这么想的。如果你身为运动员想去学习，那是不可能实现的，这就意味着只有天分差一些的球员才能成为教练。水平高的球员没人能去上学，因为他们根本找不出时间来。这就形成了一种恶性循环：各俱乐部或荷兰国家队的非明星球员不需要每天训练，所以他们可以去学校学习，它造成的必然结果是教练员的质量下降，足球的水平自然也会下滑。尽管现在荷兰足协为前国脚缩短了教练课程，但是他们对于理论培训的重视程度仍然大于实践训练，这种局面近30年都没有多大改观。技战术方面一度是荷兰足球的优势所在，现在反而成了我们的短板。

1985年初，我以兼职的形式开启了自己的教练生涯，凯尔克拉德罗达JC俱乐部聘请我担任他们的顾问。接着，莱昂·梅尔希奥邀我帮助马斯特里赫特俱乐部创建他们的青训体系。梅尔希奥是名国际商人，他利用业余时间开的养马场闻名世界，那里汇聚了很多一流赛马。马斯特里赫特俱乐部向他征求重组建议，他转而探询我是否可以帮助组建青年队。

这些是我准备重归足球的初步信号，没过多久，费耶诺德和阿贾克斯便主动找上门来。阿贾克斯的邀约让我尤为高兴，这似乎表明俱乐部想把过去的恩怨一笔勾销。而我已经在体育层面报了一箭之仇，因此也很乐意捐弃前嫌。

双方一拍即合，6月，阿贾克斯任命我为技术总监。这是一个新创的岗位，荷兰足球历史上首次出现了技术总监这个说法。这实际上是在钻规则的空子，使我可以在没有教练证书的情况下执教球队。阿贾克斯最初想给我的头衔就是主教练，但是荷兰教练协会威胁要起诉俱乐部，于是，“技术总监”这个名头让我跟阿贾克斯都可以顺利过关。

这听上去或许不够光明正大，但事实上，我们的策略可以说是得到荷兰足协支持的。1985年初，我曾致函荷兰足协，征询他们我该做什么，才可以在职业足球圈当上教练。我是跟里努斯·米歇尔斯联名写的这封信，他那时担任荷兰足协的技术顾问。我们的初衷是想让足协更改规则，有些人由于政策所限无法成为教练，事实上他们的专业知识和经验对职业足球大有裨益，他们应该得到发挥自身价值的机会。

现实生活早就告诉我，世上没有免费的午餐，要想废除现行的教练文凭制度是不可能的，所以我提出了替代方案。我的建议是，前职业球员和前国脚可以先参加一个考试，针对没有通过的科目，再让他们接受专门培训。如此一来，课程进度肯定会大大加快，因为你不需要再去学习自己已经掌握的知识，优秀人才得以更快地前往他们该去的地方、急需他们的地方。

在那一时期，荷兰足球求贤若渴，尤其需要可以分析和优化整支球队以及11名个体球员的人。我当时便已持有这样的观点：只有在训练中持续地狠抠细节，你才能够攀上顶峰，1%或2%的细微差别便可决定成败。我之所以提出先考试、再给需要的人定制课程这样的想法，是想帮荷兰足协找到合理解决人才短缺问题的办法，迅速网罗更多真正的专家。我这样做是冒着巨大的个人风险的。在实践考试中，我在技战术科目上一定会轻松过关，但是，由于我思考足球的方式跟大多数人都不一样，当然也会异于开设课程的人，所以我很可能永远都通不过理论考试。

几个月过去了，荷兰足协没有任何回音。他们曾表示要商讨此事，但之后就没了下文。因为等的时间实在太长了，我们干脆不再等待，而是发明了“技术总监”这个词，这样我才能在阿贾克斯俱乐部工作。否则的话，我将被迫成为规则的牺牲品，这我可接受不了。要感谢我在美国踢球的经历，我对职业体育该如何运转有了深刻的见解，也得以将自己的经验运用到阿贾克斯身上，这是极其关键的。我做的第一步是要对整个足球体系（从职业球员到教练员）负责，在这种领导架构中，我必须组建一个教练团队，由他们来执行这一政策。

没过多长时间，我在阿贾克斯的角色让荷兰足协及教练协会起了疑心，他们派人来窥探我，指称我实际参与球队训练。这一点我轻易便能怼回去。我不是那种坐在象牙塔里指挥别人干活的人，足球是我的主业，我更擅长在球场上待着。我给出的理由是，由于踢球时练得很苦，现在的我需要避免身材发福，所以我才经常跟着球员一起跑步。

坦白说，我从未或者说几乎没有真正带队进行过训练。我有自己的技术成员，由科尔·范德哈特、施皮茨·科恩和托尼·布鲁因斯三位经验丰富的教练组成，他们很好地弥补了我这方面经验的不足。而我可以帮球员们对技术精雕细琢，这些东西你哪怕训练100年都不可能学得到，你要么有，要么就是没有。一线队的整个架构完全参考美国模式，那也意味着专业的事要交给专业的人做。我早就认识到，在球场之上，谁也不可能在每个位置都能成为最好的球员，同样的道理也适用于我的技术团队成员。

除了3位主管训练的教练，阿贾克斯还有1位体能教练。此外，我还是荷兰引入守门员教练的第一人，从青年队到一线队，俱乐部的各级门将都由他统一训练。后来，我又分别设立了对内及对外的球探。我把指挥训练、挖掘新秀等很多职责都分派给了其他人，原因很简单，他们在各自领域做得比我要好，我从来不会不懂装懂。我成长的年代，队里只有一名主教练，再配有一两名助理教练。时值20世纪60年代，我也深受“权力归花儿运动”的影响，做事喜欢标新立异。比如有一天在阿贾克斯，我提出可以请精通呼吸技巧的歌剧演员伦·德尔费罗来帮球员调整呼吸，以使每次吸气和呼气都能达到最佳效果，这在高水平体育中极其重要。于是，德尔费罗来到更衣室向球员们传授心得。后来在巴塞罗那，我还请来过足疗师，因为脚是人体的精气之源。你之所以雇用这样的人，是因为他或许能给你带来新鲜事物。

基于此，我随时都会寻求专业人士进入，这样我们才能在细节方面做得更好，这是我整体思路的重要环节。在荷兰，至少在我初掌阿贾克斯之时，这些人还不习惯这样的工作方式，但我正告他们：“如果把训练交给你们，就由你们负责，而不是我，所以不要问我该怎么做。对我来说，我只看重两点：原则上球员得有踢120

分钟比赛的体能，而且训练中要有欢笑。我不是警察，什么都不是，但假如你们做不到的话，我只有另请高明了。”

说到底，你要找的是既有意愿又有能力为自己行为负责的人，他们绝不应当顾虑克鲁伊夫是怎么想的。所以说，每位专家第一次训练球员时，我通常都不会去旁观，那是他们职权范围的事。

当时，荷兰的大多数俱乐部都是一名主教练加一名助理教练的配置，但是阿贾克斯突然组建了一支 7 人技术团队。所有的专业训练都以提高技巧为基础，但我指的不光是有球技巧。以体能训练为例，它不仅是让球员能达到一口气跑 10 公里的水平，而是要让他掌握更多技巧，这样可以跑得更好。而更好的跑步技巧或许能让他在比赛中避免伤病或疲劳，或者能让他在短距离内跑得比对手快。

跑步是跟球无关的一套系统，但不管以何种形式，跑步训练仍然可以归在“技巧”名下。同样的原则也适用于跟身体有关的其他方面，比如弹跳和头球。你可以用头将球顶出去，但是你真的能保证它的力度和准确性吗？训练中的方方面面，都涉及大量的细节。

我个人也会关注足球中的很多细微之处。当你将球射向球门左边时，你的右胳膊是什么姿势？你如何保持身体的最佳平衡？你准备怎样解决自己正面临的问题？我还会召集专家们开会，评判一堂技术训练课是否也能反映出球员的体能状况。很多情况下，训练不只是你想提高哪方面的技术，它也跟强度有关。我在阿贾克斯推行的政策实践效果不错，每个人不仅学会了如何最大限度地发挥自己，同时也懂得了如何与他人分享。

我内心很清楚，同 1974 年世界杯上我们惊艳世界的风格相比，荷兰足球已经偏离了太多太多。重回阿贾克斯之后，我从一开始便决定遵循全攻全守的基本原则，来确立球队的打法。所以，门将斯坦利·门佐的职责不光是守门，他显然还可以活跃在禁区之外，远离自己的球门。这在当年让人觉得挺新鲜，但是30年之后，它早已不足为奇。在巴塞罗那、拜仁慕尼黑这样的球队，它甚至已经植根于俱乐部的足球哲学，对此我甚感欣慰。我的初衷是想重新给阿贾克斯打造属于自己的标签，其核心理念是尽量踢攻势足球。我们在排兵布阵时会派出3名前锋，他们身后还有1人游弋，这就意味着对方后卫会为盯人还是防位置大伤脑筋。

彼时，荷甲联赛的所有球队都踢双前锋，所以我觉得我只需要3名后卫来防守，没必要派上4后卫，如此一来，我就可以在中场安排4个人。通常情况下，我的做法都是撤掉1名中卫，取而代之的是影子前锋，也就是现在大家熟知的10号球员。当我们控制球权时，门佐的位置要往前提，至少得到禁区线，其他队员也都需要集体向上压。通过选择门佐，我想表明自己对于球队构成的理解。我首先考虑的并非11名最优秀的球员，而是遴选相互最适配的一批人。这样的话，我主要选择跟门佐搭配最默契的后卫。我经常热衷于揣摩球员A同球员B能否产生化学反应。

我们的比赛总是观赏性很强，同时也引发了大家的热议，在我看来，职业足球本该如此。有些人觉得这种足球风格棒极了，其他人则认为它不可能带来真正的成功。我跟每个人说得都很清楚，我们一定也会吃败仗，但从长远发展来看，这实际上微不足道。我们在首发11人上投入了很大精力，不管怎么踢，球队早已具备位列前三的实力，但我并不满足于此，而是希望在取得成绩的同时也能娱乐大众。

作为主教练，我始终坚持自己的这一理念，即使输了几场球，我也从未怀疑过自己。后来去了巴塞罗那，我同样如此。每年我都没让自己空过手，执教阿贾克斯头个赛季夺得的是荷兰杯，由此获得了下赛季欧洲优胜者杯的参赛资格。1987 年，我们在优胜者杯中夺冠，在雅典进行的决赛，阿贾克斯 1 比 0 击败了莱比锡火车头，马尔科 · 范巴斯滕头球制胜。那支阿贾克斯队是有史以来夺得重大国际赛事冠军最年轻的球队，这一胜利意义深远，尤其是多年来始终有这样一种论调：同意大利和西班牙大财团所支持的俱乐部对阵时，荷兰俱乐部毫无胜算。

夺得优胜者杯还有另一个好处，那就是荷兰足协终于有了积极的回应。

我于 1985 年初曾致函荷兰足协，试图建议缩短教练培训课程，大约半年后，我才得知自己的提议遭到了否决。阿贾克斯俱乐部主席托恩 · 哈姆森也是足协董事会成员，他亲口告诉我，是米歇尔斯投了反对票。这实在让人丈二和尚摸不着头脑，因为米歇尔斯不仅帮我一起写的信，他还以足协技术顾问的身份将信呈给了董事会。这样可以保证我的申请能转交给最合适的人，不过据哈姆森透露，米歇尔斯最后并没有这么做。对此我至今仍满腹狐疑，但我从未向米歇尔斯求证过此事，因为我想象不出它能是真的。

不管怎样，在阿贾克斯登顶欧洲优胜者杯之后，荷兰足协即刻不再反对我担任技术总监。1987 年 6 月 1 日，荷兰足协不仅表彰我率领阿贾克斯赢得国际赛事冠军，而且还颁发给了我“职业足球教练”证书，这可是太阳打西边出来了。就算要我参加一个缩短的教练培训课程，我也不能保证自己一定过关。无论是在阿贾克斯还是后来在巴塞罗那，我从不去做没有把握的事情。在技术团队成员方面，我总是尽量物色能与我形成互补的专业人才。此外很幸运的是，我服务的两家大俱乐部都承受得起这样的商业化运作。

6

又一次出走

即使在我退役之后，我也更像是一名球员而不是教练，而且是一个事必躬亲的教练，而不是超然物外的教练。我最喜欢的事情就是跟球队一起踢球，然后互相切磋琢磨场上的位置和战术，对此我乐此不疲。当然，身为教练，我也深受他人的影响，毕竟执教过我的教练有很多。当你同范德费恩、里努斯·米歇尔斯、格奥尔格·凯斯勒、斯特凡·科瓦奇、弗朗齐歇克·法德尔洪茨、亨内斯·魏斯威勒、戈登·布拉德利、库尔特·林德、阿德·德莫斯、泰斯·利布雷茨等如此众多的教练合作过，其中必定有些东西在你心中根深蒂固。你会吸收他们身上的优点，并尽量避免重复他们的错误。

尽管你成为什么样的人，最终取决于你自己，但之前的那些经历都或多或少影响了我。现在你应该能够猜到，对我影响最大的人是范德费恩和米歇尔斯。范德费恩长于训练，指点球员们如何精进技术。米歇尔斯则是一位铁面无情的教练，你同这样的人打交道，难免会留下其烙印。这一点在我刚开始接触教练工作时就已显现，那时比我正式执教要早 5 年。那是在 1980 年底，我还在华盛顿外交官队踢球，阿贾克斯邀请我等美国联赛结束后出任他们的技术顾问。彼时，阿贾克斯队的主教练是莱奥·本哈克，球队首发 11 人的表现总不在最佳状态。我担任技术顾问的第一场比赛，阿贾克斯前往恩斯赫德客场挑战特温特队，我决定不坐教练席，而是到看台上去，因为这样俯视全场视野更佳。

阿贾克斯一度2比3落后，我发现了几种有可能挽回败局的办法。我从看台下到场地，在场边给队员们支了几招，然后挨着本哈克坐到了教练席上。阿贾克斯最终5比3完成了大逆转，赛后，媒体开始大肆炒作，说我让莱奥看上去像个傻瓜。但说老实话，我认为自己下一次还会这么做的。作为一名顾问，当形势需要时，你要做自己该做的事情，本哈克很清楚我的职责。同特温特队的比赛便是如此，阿贾克斯面临着输球的危险，我找到了化解危机的方法。于是我提出了自己的建议，帮助球队走出危局。只要你的方法奏效，你得到的就都是赞誉，一旦失败，所有人立马就会找你算账。好在一切都很顺利，我做了几处位置上的调整，使球队实力大为增强。如果我是主教练，我会很高兴拥有这样一位顾问。那只是我小试牛刀，由于那场比赛之后，下一场很快就接踵而至，所以我并没有太放在心上。不过，阿贾克斯同特温特的那场比赛清楚地表明了我的长处所在：我不仅当球员时具备大局观，当教练亦然。

5年之后，我最终选择成为一名教练。我喜欢踢球胜于一切，做教练始终是我的第二选择。不过，在我退役之后，要想继续参与比赛，只能选择执教。当时，在我看来，比赛的重要性是训练所无法替代的。正是由于这个原因，无论是在阿贾克斯还是后来在巴塞罗那，在赛季前的准备期，我总是尽可能让球队多踢比赛。

这一思路有别于部分欧洲教练在七八月的安排，通过此事例也能看出教练跟教练之间的差异。这些年来根据我的观察，教练其实分为两大阵营：有些人就是想成为教练；其他人之所以执起教鞭，是因为他们已经踢不动了。很显然，我属于后一类人。同时，我是那种更愿抓大放小的主教练，把体能训练的任务交由他人负责。

作为俱乐部主管，如果选择了我这种类型的人执教，你同时需要认真考虑为我配一个“真正的”教练。比如托尼·布鲁因斯·斯洛特这样的人，他在阿贾克斯和巴塞罗那都跟我形成了完美的互补。他对球员悉心指导，他的训练课总是充满花样，一点儿都不枯燥，这就大大激发了球员们的积极性。

执教阿贾克斯期间，我与时任俱乐部经理、副主席阿里·范艾登之间的协作并不愉快。假如董事会有所察觉，他们肯定不可能安排我俩共事，至少不会是当时的模式。俱乐部经理应该充当主教练跟董事会之间沟通的管道，他跟其他人一样——上到主席下到端茶倒水的女工，都是球队的一员。这是一家顶级俱乐部应该做的，除非他们认为这不是阿贾克斯的方式。由于在美国了解了现代化的职业俱乐部该如何运作，我发现自己现在面对的是一个落后于时代的组织。

不幸的是，30 年过去了，情况依然没有明显改观。顶级足球中钱烧得越来越多，但相同的错误却一犯再犯。结果，很多决定都是由董事会成员拍板，而这些人根本不知道怎样才能最好地决策，他们基于私下谈话、董事会会议和经理办公室中的游说，便草率地做出决断。当球队成绩惨不忍睹时，教练往往会成为替罪羊，而决策者们却躲在了舆论炮火之外。我还想说的是，一名成功的教练得具备知人善任的本事，要把合适的球员安排在合适的位置。正因如此，当我看到转会政策不由主教练说了算时，我通常都会感到惊愕。这种伤害所造成的后果几年内都不会消除，几百万打了水漂，球员和教练都蒙受了无谓的损失。

不论在阿贾克斯还是巴塞罗那，我个人都曾有过这样的经历。

两次执教期间开局都很顺，我跟球员是各方关注的焦点，董事会居于幕后。然而，这种局面没有持续多久，他们开始试图插手球队内部的事，最终干扰到了比赛。麻烦由他们而起，但事后他们却将锅甩给了我。事实上在阿贾克斯，紧张关系从第一天起就存在。美国的经历告诉我，待遇上的差别会对球员产生相当大的影响。具体来说，我从华盛顿外交官俱乐部总经理安迪·多利希那里了解到，这种差别可能破坏更衣室的和谐，进而影响比赛的结果。

鉴于此，我总是高度关注自己手下每名球员的薪水和奖金额度。就我自己而言，我对此毫无兴趣，但在调教和发展自己球队过程中，我不得不遵循特殊的思维模式。比如说，球员按照实力在你心目中是有排序的，但仅仅因为有一个更精明的经纪人，排第九的球员挣得比排第三的球员多，你绝不能让这种情况发生。尽管球员的工资按理说应该属于机密，但这种事情往往藏不住，由此造成更衣室内矛盾重重，派系林立。为了避免队内动荡，我才希望精确地了解每名球员能挣多少。

阿贾克斯俱乐部还制造出了另一个麻烦。为保证财政公平政策，在卖出任何球员时，阿贾克斯都给自己设置了转会费上限。这在短期内固然不错，然而，1987 年意大利巨富西尔维奥·贝卢斯科尼收购 AC 米兰，大量资金流入转会市场，球员身价直线飙升，阿贾克斯的问题随之而来。受制于转会费上限制度，阿贾克斯俱乐部在转出球员时收益有限，但我们的主要竞争对手埃因霍温却可以赚得大笔转会费。同样是转会到 AC 米兰，路德·古利特为埃因霍温带来的收入要 10 倍于马尔科·范巴斯滕带给阿贾克斯的。另有一个事实是，几乎没有荷兰俱乐部认同阿贾克斯的政策。我们最好的球员以极低的身价离开，而我们不得不花同样的钱在荷甲寻找替代者，但这样的价格不可能买到好球员。每当这时，我这张嘴就成了我最大的麻烦，我直言不讳地向董事会表达自己的不满，并要他们承担球队实力下降的责任。这让我很难交到什么朋友。

1987 年赢得欧洲优胜者杯冠军之后，我陷入了一种难以想象的境地。我们有太多机会可以进一步壮大阿贾克斯，但都被管理层所扼杀。我多次建议范艾登应该去找安迪·多利希取取经，这对他自己和阿贾克斯都有好处，但董事会把我的话当成了耳旁风，根本就不作为。

在那之后，我们在转会市场上连连受挫。范巴斯滕以低廉的价格去了 AC 米兰，而我已经观察了考文垂队前锋西里尔·雷吉斯几个月，他身体强悍气质不俗，正值个人职业生涯的巅峰期。考文垂队在英格兰足总杯中连奏凯歌，我希望阿贾克斯俱乐部尽快动手，免得他的身价暴涨。然而一个月过去了，阿贾克斯甚至都没跟对方认真磋商过。考文垂最终获得了足总杯冠军，雷吉斯是球队夺冠功臣，此时，我们已无力承担他上涨的转会费了。

1987 年夏天，我们还有好多笔转会泡汤，原因就是俱乐部总是贻误战机。最后，我的一个队员阿诺尔德·穆赫伦向我透露，爱尔兰球员弗兰克·斯特普尔顿可以转会。他俩曾一起效力过曼联，我印象中斯特普尔顿是名出色的攻击手。由于他当时伤病不断，所以不需要我们为他掏转会费。到最后为了得到球员，我不得不行无奈之举。

签拉巴赫·马杰尔失败最终实在让我忍无可忍。他刚刚帮助波尔图夺得欧洲冠军杯冠军，葡萄牙球队在同拜仁慕尼黑的决赛中 2 比 1 取胜，马杰尔攻入了一记精彩的脚后跟进球。他跟我认真谈过转会的想法，而且我发现他对我十分崇拜，渴望能在我手下踢球。不仅如此，他同波尔图的合同中还有一项条款，将他的转会费限定在了80万美元。由于有过之前多次失败的教训，我直接经手了谈判的第一阶段，也许我做得并不够好，但我已经无法信任任何人了。直到我跟对方完成口头商讨之后，我才将董事会和经理引到谈判中来。双方达成口头协议，在阿贾克斯同波尔图的欧洲超级杯前，这笔交易绝对不能泄露出去，葡萄牙人态度坚决。比赛将在一周后进行，波尔图队极为看重超级杯奖项，他们不希望给人造成一种印象，那就是这一转会要让他们的冠军泡汤。

两边协议条件谈得很清楚，转会理应没问题了。然而，它竟真的落空了，这件事充分表明了阿贾克斯是如何成事不足败事有余的。全面了解跟波尔图之间协议的只有两名董事会成员和经理，比赛前一天，他们三人中的一个将内情透露给了媒体，波尔图俱乐部主席为此勃然大怒，告知我转会协议作废。随后拜仁慕尼黑签下了马杰尔，我再次备受打击。

麻烦事接二连三地找来。在阿贾克斯，范巴斯滕是无可争议的头号球星，他转投AC米兰之后，我不得不重新找一个在能力和威望方面都能填补他空缺的人。由于买不到自己想要的球员，我只能从现有队员中选拔。在范巴斯滕离开之后，我希望在球队里觅到一位真正的领袖。弗兰克·里杰卡尔德的名字浮现在我脑海里，他是我们队最好的球员，但出于种种原因，这一点并未体现出来。弗兰克生性低调，我试图帮他做些改变。遗憾的是，他对俱乐部的怨愤逐步升级，几乎是在一夜之间，他决定不再为阿贾克斯效力。他一下子变得兴致全无，他受够了这一切。这让我震惊无比，同时我还想明确一点：假如俱乐部管理层在转会市场表现得再职业些，这个问题本不会发生。

令人失望的是，我告诉里杰卡尔德我只是想帮他继续提高球技，但他对此置若罔闻。我发现，你是无法帮一个不想学习的人取得进步的，我不能把精力浪费在他身上。在最高级别的体育运动中，你对他人的缺陷一定不能手软，要明确提出如何做才能加以改正。

对那些到赛季末表现仍不见起色的球员，这一原则同样适用。我不得不一次次见识到自己有多严苛，不过，你是在打造自己的最强阵容，不管是哪名球员你都要严格对待。这是世界上最难的事，但你别无他选。你一旦对某个球员有所宽容，接着就会有其他人站出来跟你作对，最终，你会失去对整支球队的掌控。

这是我最主要的工作模式，而且说老实话，我想不出其他的解决途径。这或许是我的缺点，但碰上那种拒不执行我指令的球员，我是无法设身处地为他们着想的。球员必须从我这里学到东西，否则的话，那只有一拍两散。我必须保证球队不断前进。让人头疼的是，最恶劣的冒犯者往往又是最和善的人，但他们是你必须清理掉的人。这总会令人感觉很沮丧，特别是在有些情况下，他们也是不错的朋友。不过，同里杰卡尔德的分道扬镳是另一码事。俱乐部糟糕的管理影响了队内平衡，我在仓促间被迫要立他为球队领袖，而他尚未准备充分。

作为教练，我最想拥有的是一支不同类型球员完美融合的球队——我自己训练出来的球员，球探挖掘出的年轻新秀，还有为增强球队实力购买的新援。从这方面来说，我们在阿贾克斯做得相当好。球迷们满足于欣赏我们的比赛，我们也给了阿隆·温特以及17岁的丹尼斯·博格坎普首秀的机会。我还游说了几位实力雄厚的阿姆斯特丹商人，为阿贾克斯青训投入了100万荷兰盾资金。单就足球青训而言，那在当时可是一笔巨款。

阿贾克斯的主场场场爆满，球队也捧得了几个冠军，然而此时，董事会却开始对球队事务进行干预。这在1987年夏天的转会期便已暴露出来，在那之后，他们变本加厉，对技战术层面的事情都想横插一杠子。到了1988年初，我已经无法再容忍下去。一天我正在滑雪度假，俱乐部主席托恩·哈姆森打来电话，跟我讲他已替我摆平了俱乐部管理层，而我只需要当面向董事会做出说明，所有问题便可迎刃而解。于是我提前结束假期返回俱乐部，然而，我却被哈姆森涮了。董事会其他成员显然不是冲着和解来的，他们对我开启了攻击模式，而哈姆森只是坐在那里冷眼旁观。

我的忍耐到达了极限，第二天我便递交了辞呈。不管我多想留在荷兰，不管我对重回阿贾克斯有多开心，但我无法继续待下去了。必须承认，之后我有几个晚上彻夜难眠，因为我的家人在阿姆斯特丹过得非常愉快。但那无济于事，阿贾克斯就想把我整掉，遗憾的是，一些记者也在捧臭脚。我能感觉出来，他们是想毁掉我辛辛苦苦构建的一切，我坚守阵地不让他们得逞，搞得他们疲惫不堪。你不能总去伤害别人，但董事会就这么做了—— 起先是在我当球员时，后来是在我当教练时，而且你不能做完还想推脱责任。从此之后，我们之间再没发生过什么好事。

在阿贾克斯的一切美好戛然而止。那对我来说是一段奇怪的时期，我在没人看好的情况下赢得了欧洲优胜者杯，但因为我想把球队带到更高的水平，我居然被迫离开。今天的事实不言自明，我3次来到阿贾克斯，俱乐部的奖杯陈列室都空空如也，如今我第三次离开，陈列室内已堆满奖杯。

幸运的是，阿贾克斯时期留给我的美好记忆远多于那些糟糕的记忆。这要特别感谢球员们，无论是踢球还是执教期间，我都跟一支优秀的团队共事，他们都是非常棒的人。相处的乐趣是我们之间的黏合剂，直到后来一切成空，我甚至同弗兰克·里杰卡尔德这样内敛的球员发生争吵。尽管之后我跟弗兰克冰释前嫌，但当时出现那样的局面仍令我震惊不已。

我一家希望在荷兰永久定居的愿望不幸落空，我又一次被迫出走阿贾克斯，目的地还是巴塞罗那。

我之前说过，我踢球主要是为了娱乐大众。对我来说，足球不止于胜负。我的原则始终基于几个问题：你想赢得多漂亮？你采取何种策略以达目的？坐在看台上的球迷视球队为自己生命的一部分，你必须每时每刻都要顾及他们的感受。不管是做球员还是当教练，你要多站在他们的角度为他们着想。在荷兰，人们思考问题的方式有别于德国人、英国人、西班牙人或是意大利人，他们的性格迥然不同。这就是为什么不管你是谁，也不管你来自哪里，只要你在荷兰生活，你就无法像意大利人一样踢球，你就是做不到。

作为巴塞罗那队主教练，我的巨大优势之一是我曾在那儿效力过，我了解那里的思维方式，也了解在特定情况下，这种思维方式可以做一定限度的变通。要想做到这点，你必须熟悉加泰罗尼亚的生活方式、政治诉求、民族特性。来到巴塞罗那执教，我首先需要接受一个事实：这支球队声名显赫，资金充裕，渴求冠军。从这方面来看，他们比阿贾克斯略低于一个水准。而且，阿姆斯特丹的每名球员脑子里想的都是进攻，巴塞罗那的每个人则恰恰相反。所以说，我的当务之急是要改变他们的思维定式。

这对我来说非常重要。我只愿意为那些想踢球、按足球应有方式踢球的俱乐部工作。何谓足球应有的方式？它需要在技术上出类拔萃，战术风格引人入胜。我要感受到球场内的狂热气氛，闻到更衣室的特殊气息，我对主场带有田径跑道的俱乐部毫无兴趣。更衣室和场地切不可相隔太远，在球员们踏上草皮之前，他们应该对外面的气氛早已适应。还有一点很重要，假如年轻球员训练的俱乐部能像阿贾克斯或巴塞罗那一样，在训练环境就可以看到球队主体育场——那个梦想自己有朝一日也可以献技的地方，这对他们的成长大有好处。

在我看来，足球是一种情感。当球员时，我无法想象自己场上的作用只是为了抑制对手的发挥，也不想坐在冷板凳上百无聊赖，因此我总是想方设法提高自己。做了教练，我更愿意享受自我，追求完美足球，成绩是水到渠成的事情。不管在哪里就职，我都希望身边人嘴里说的、脑子想的全是足球，如果可能的话，全天 24 小时都要如此。在巴塞罗那，那种心浮气躁的足球氛围消失了，没人再扯闲篇。这是我带给俱乐部和球迷的首要一点，让他们三句话不离足球，讨论如何才能踢好，就算是传闲话也得跟足球有关。

要将这些落到实处，你需要发挥自己的自由精神，还得有极大的韧性。我将这类事情视作“问题拼图游戏”。虽说在某种程度上，保持上一块问题拼图的原样更易于摆放下一块拼图，但我还是每发现一个问题，都会立即解决。这最终得到了回报，它毕竟是由你主导的游戏，一个相当不错的游戏。

由于有了执教阿贾克斯期间的遭遇，我对俱乐部政治更为谨慎。但照我看，巴塞罗那俱乐部的情形跟阿贾克斯比有过之而无不及。这里处处危机四伏，冲突不断。在我到来之前的 12 年中，巴塞罗那队只赢得过一次西甲冠军，球场上座率锐减，不足 4 万人，以前的上座率曾是现在的两倍多。所以我心里很清楚，俱乐部主席何塞普·路易斯·努涅斯为什么急于想得到我，他主要目的是为了保住自己的位子。他于 1978 年当选为主席，同年我离开了巴塞罗那，如今又是他把我带了回来。他找我并非由于他认同我的愿景规划，只是希望我能帮他装满奖杯陈列室。说到底，我是他的政治资本。对此我早就心知肚明，不过有了阿贾克斯的前车之鉴，我事先摆明了自己的条件。

一个要求是，我是更衣室唯一的老大，不是球员，不是董事会，而是我。如果董事会想跟我讨论什么事情，我可以去找他们，因为我实在不想在更衣室里见到他们。尽管知道努涅斯不会情愿，但我还是跟他把丑话说在前。像他这样的主席习惯于别人对他言听计从，而我却跟他对着干。部分由于这个原因，我们之间的关系从来都是不冷不热。

在赛季前的准备阶段，巴塞罗那进行了重新洗牌。努涅斯得到了球迷们的鼓掌支持，而我刚刚任命的队长亚历山科却遭到了嘘声。我抓过话筒，正告这些球迷，如果他们再这样做，我就立马辞职。事情的起因是在此之前，巴萨队员同俱乐部管理层产生纠纷，亚历山科站在了队友一边。但在这一事件中，他彰显了自己的个性，要想带巴塞罗那重回巅峰，我正需要他这样的人。所以，我告诉球迷们，我不想跟巴塞罗那不久前的争端有任何瓜葛。过去在俱乐部，人和人之间充斥着仇恨和嫉妒。我对此毫无兴趣，更不希望在这样的氛围中工作，我要求球迷们支持我。

从此之后，我对媒体毫无保留地敞开了大门。巴萨的报道再次占满了报纸版面，不过同过去比，现在的内容都是积极的。对于媒体，你既可以同他们合作，也可以对他们置之不理，所以我向记者亮出了态度：“我打算帮你们。你们可以按自己意愿撰写、分析、解读任何事情，但是涉及我们的报道，请务必准确记录我和球员们说的话。”

我们的训练课从来没有封闭过，这有助于创造球队的良好氛围，同公众的互信关系也得以建立起来。我有时甚至可以利用这一点，来挫挫球员的傲气。比如说最初之时，有一名右脚球员狂傲自大，我便要求他用自己的左脚射门。看着四处乱飞的足球，围观训练的球迷不由得大笑起来。问题一下子就解决了。

接下来我便着手开展工作，首要之急是最大限度地避免犯小错。我之前说过，大错极少甚至从来不会引发问题，通常来说小错才是最关键的。这正是我执教的出发点，也是我同球员一起训练的原因，一旦发现类似情况，你就可以适时加以干预。

其他时候，我只是坐在球上，在场边观察。有人说我太懒，也许是这样，但是如果我静静地坐着，我能比走来走去看到更多东西。那样坐着，我可以更好地分析某名球员，细节也能看得更真切。对于很多细节，99% 的人都不了解，看不到或者看不懂。

我从一开始就要扭转巴塞罗那队的观念。我发现，在巴萨采用的打法中，后卫的跑动距离少于进攻球员。我想马上做出改变，我始终认为足球跟球员累计跑动距离有关。这需要你考虑事情时兼顾逻辑性和创造性。

我常说，我喜欢颠覆传统思维。我的做法是告诉前锋他是第一名后卫，让守门员明白他是第一名前锋，向后卫解释他们决定了球场的长度。还有一点是，各条线之间球员的距离必须保持在 10—15 米，在这一理解基础上，每名球员必须清楚，当本队控制球权时，空间一定要拉开，而球权在对方脚下时，他们就需要收紧一些。要想有效执行此战术，队员之间要密切观察彼此动向，一旦一名球员开始启动，另一人就得跟上他。

球员需要日复一日地投入训练，每当他们看上去开始厌烦时，我就想出其他训练方式让大家开怀大笑。就我来说，那主要是利用空间、测算距离的问题。我经常那么做，以至于曾有人问我是不是个数学狂（这有可能，我一直痴迷于数字和距离）。我尽可能有效地加以讲解，以便让球员们充分理解。在巴塞罗那队，罗纳德·科曼（我1989年签下的他）和佩普·瓜迪奥拉（我在1990年将他提拔到一队）联袂镇守中路，他们速度不快，也不是纯粹的后卫，我们总是将战线推到对方半场。基于对手可能采用的三种传球方式，我计算出了不同的概率。第一种是打我们最后一道防线身后的长传，如果门将足够出色，而且站位远离球门的话，他通常就会将球拦下。第二种是越过半场的传球，我有速度极快的中卫，平时都拿他们当边锋训练，他们总能及时拦截下足球。第三种是中路渗透式传球，瓜迪奥拉跟科曼位置感强，尽管他们显然并非最理想的中场—后卫搭档，但也总是可以抢下球权。门将站位合理，再加上中卫使用得当，这或许就是战术奏效的原因。

为找到应敌之策，我们不断锤炼后防线，比如要向对方施压，你不能从30米外冲刺过去，而应找准时机跑动几米就达目的。我接着解释道，你给他5米空间的任何球员看上去水平都不低，因为他们没有感受到任何压力。假如你离他3米时就放铲，则另当别论。要想按那种踢法踢，你需要跑动迅速，并且不停变换节奏。经过1万多个小时的训练，我们最终达到了“梦之队”（人们对那一时期巴萨的称谓）的高度。

我之所以喜欢棒球、篮球等技战术含量高的体育项目，正是上述原因。年轻时打棒球，我学会了凡事要多想一步，但在足球中，这还远远不够，你需要想得更加长远。毕竟足球比赛没有暂停，训练时就不得不考虑到各种可能性。

跟在阿贾克斯时一样，巴萨的成功同样立竿见影。球迷们认为新风格极富观赏性，没过多久，球场上座率就超过了 9 万人。由于越来越多的球队采用保守打法，我们占据了战术上的优势，大部分场次进球都应接不暇。一切都已步入正轨。新战术通常情况下都能给我们带来胜利，虽说有时也会吃败仗，但抛开胜负，我们的比赛总会让人悦目娱心。巴萨的风格充满活力，使得对方门前风声鹤唳。

这种多点开花打法的关键点在于三前锋搭配双边锋的体系，意图将对手压制在自己的半场。这节省了本队很多跑动，也意味着每个人无论在身体上还是心理上都可以握有主动权，我们为此必须勤勉且真刀真枪地训练。当比赛越来越成为一种本能，对于心理的消耗也就越来越少。在这种情况下，有些事情虽说看上去难以做到，事实上却毫不费力。由于你把 100% 的注意力都放在了手头的任务上，所以尽管下意识知道该如何做，但自己却注意不到。

如果你想使用阵地战法，比赛中 100% 集中注意力就显得至关重要，队友之间要不断形成新的三角站位，以保证持球队员始终有两种可能的传球路线。持球队员的选择是由他人决定的，对于这一点，我想强调的是，决定足球走向的并非持球队员，而是无球队员，接下来的传球方向取决于他们的跑位。

正因如此，当看到有人在场上站着不动时，我会发疯的。在我看来，那种踢球方式是令人无法容忍的。球权在本方脚下时，全队 11 人必须都得动起来，不断调整彼此间的距离。你跑了多少不重要，重要的是你往哪儿跑。不停地组成三角站位意味着足球始终在传递，没有被对手阻断。

因为在巴塞罗那只能从零开始，所以我们花了4年时间才终于到达顶峰，夺得了1992年欧洲冠军杯冠军，这要归功于有针对性的训练、悉心的打磨以及精明的引援。由于当时要执行每队单场最多只能上三外援的政策，你在转会方面就必须精打细算，物色球员的手段跟今天比也大不一样，如今对球队大名单、出场阵容中外籍球员的人数早已没有限制。这就是我们知足于引进了赫里斯托·斯托伊奇科夫、米歇尔·劳德鲁普、罗纳德·科曼等球员的原因，前两者的转会几乎没花巴塞罗那多少钱。

尽管在我初来的1989年，我们没有获得西甲冠军，但跟我之前在阿贾克斯时一样，我们赢得了欧洲优胜者杯的冠军。在决赛中，凭借朱利奥·萨利纳斯和洛佩斯·雷卡特的进球，巴塞罗那2比0击败了来自热那亚的桑普多利亚队。第二个赛季，我们又夺得了国王杯冠军，从此之后，就真正到了大丰收的时候了。球队战术风格的改造已然顺利完成，接下来我们就得想办法提高自己的联赛排名了。重要的是要签下赫里斯托·斯托伊奇科夫这样的球员，彼时这位保加利亚年轻人还名不见经传，而且转会费相当便宜。赫里斯托是我需要的人，不仅因为他的足球水平，还因为他的个性。他是个斗士，有股执拗劲儿，但都用在了正地方。在一支球队里，事实上不可能有太多意志刚强的球员，而赫里斯托是那种可以提振大家情绪的人，他的作用既体现在更衣室也体现在球场之上。

那段时间，我的胃疼得越来越频繁，有时浑身冒冷汗，或是突然呕吐不止。虽说我已经减少了抽烟的量，但在1991年2月底，妻子看不过去了，她催我跟她去医院检查，结果就住了下来。我心脏周围的静脉血管出现了堵塞，手术持续了3小时，给心脏搭了两个桥。所幸我得的不是心脏病，而是动脉内膜增厚导致的动脉粥样硬化。

我丝毫没有为自己生病紧张，整个治疗过程让我觉得，既然有这么多人都在关切我的健康状况，我以后没道理一直病下去。而且在这种时候，名气也能帮你很大的忙，你的心外科医生自然知道全世界都关注着这一手术，你就大可以放宽心了，这人动手术时一定会使出毕生功力。这种感觉棒极了。

从此我愈发明白，我得到帮助和治疗是为了不要放弃生命，而要好好珍惜它。自那以后，我也卸掉了担心自己英年早逝的所有包袱。像父亲一样早亡一直是我的一块心病，经历心脏手术之后，我彻彻底底摆脱了这一困扰。

我得到的最大教训是，你不可能做了一些对自己有害的事情，还希望不会受到惩罚。在抽烟的问题上就是如此。手术之后，我的生活习惯跟之前并无二致，我的心态是想尽快回归正常生活，当然也会定一些禁忌。生病之后，对于自己的烟瘾，我反思良久，我纳闷自己为什么会在这么长的时间吸这么多的烟。特别是当医生告诉我，我心脏之所以出问题，90% 是吸烟导致的，这让我不得不检讨自己。我意识到这么多年来，我活得是有多纠结：明知道吸烟可能致癌，也知道会对心脏不好，但我仍然自欺欺人，借口吸烟是缓解压力的好方法。要想找出不戒烟的托词，那当然是轻而易举的事了。

手术过后，我来了个 180 度大转弯，当然是往好的方面转。我一夜之间说戒就戒，香烟彻底从生活中消失了。与此同时，我特别想现身说法，以警示他人。各种广告需求纷至沓来，不过，我可不想当那种身前身后都挂着广告牌的“三明治人”。我要做就做完全适合我并且行之有效的事情，要唤起思考引发行动，还要具有警世价值，我希望全世界任何地方的任何人都能看得懂。于是，在加泰罗尼亚卫生部门的资助下，我们决定拍一段视频。在短片中，我不停地用头、肩、膝或脚颠一样东西——不是足球而是一盒香烟，每颠一次，你都能听到一次心跳声。我嘴里说着“我一向视足球为生命”，稍做停顿，我突然飞起一脚将烟盒踢开，它当即四散裂开，我用“但吸烟几乎要了我的命”这句话收尾。短片分别用西班牙语、加泰罗尼亚语、英语、法语和荷兰语配音，在全世界广泛传播，这正是我想传递的信息。

我的心脏病还带来了另外的发现。手术 3 周后，医生决定在巴塞罗那队的一场重要比赛期间对我进行实时监测，到时肯定会紧张刺激，正好可以研究我的心脏如何承受严峻的压力。那是 1991 年欧洲优胜者杯 1/4 决赛，巴塞罗那迎战基辅迪纳摩。我在家里收看比赛的电视直播，圣约尔迪医院专门拿来一套仪器，在我胸部连上了各种线和按钮，通过这种方式跟踪我的心率。虽说比赛踢得跌宕起伏，巴塞罗那队直到最后一分钟才扳平比分，但我的心率丝毫没有变快。后来，在我回去执教之后，他们又测了一次，还是没有出现任何异常。甚至有一场比赛，我的心率平静得就像午睡时一样。根据记录，我的心跳只飙升过一次：同巴塞罗那俱乐部董事会会谈时。

手术整整一个月之后，我重新回到了教练席旁，又过了几周，巴萨夺得了我执教期间的第一个西甲冠军。比赛进行当中，我不再吞云吐雾，而是含了一个棒棒糖。我觉得它很好吃，而且也能让我有个东西来舒缓压力——尽管根据医疗监测，我压根儿就没有压力。

1991 年是一个特殊的年份，也给了我很大的启发。联赛夺冠之后，巴萨在欧洲优胜者杯决赛中 1 比 2 输给了曼联。我们发挥得极为出色，最后未能拿下没有别的原因，要怪只怪运气太差。这种输球方式让我清醒地认识到，尽管我们或许已经有了长足进步，但无疑还没达到终极目标。

直到下个赛季，目标才终于实现。无论从哪方面看，那又是特殊、美妙和快乐的一年。它始于理查德 · 维茨格的加盟，他从我的老东家阿贾克斯转会来到巴塞罗那。阿贾克斯俱乐部当时刚刚任命了新的董事会成员，我的老朋友米歇尔 · 范普拉格继任主席。解雇我的前任董事会留下了一个烂摊子，让俱乐部背负了几百万的债务。

我得老实承认，我让巴塞罗那多掏了一些维茨格的转会费，以便帮阿贾克斯度过危局。我记得转会费是 800 万美元，而我们原本 600 万美元就可以搞定。不过，前些年我们在球员转会中没花多少钱，这就算巴萨补偿我的吧。

难忘的一年就此开启，尤其是在 1992 年 5 月，先是女儿尚塔尔步入婚姻殿堂，一周后，巴塞罗那历史上首次夺得欧洲冠军杯冠军。

生活中离不开运气，足球亦然。登顶欧洲的那一年，我们第二轮险些被德国冠军凯泽斯劳滕淘汰，幸好何塞 · 马里亚 · 巴克罗在读秒阶段攻入决定命运的一球，否则我们根本没机会闯入同桑普多利亚的决赛。这一救赎方式同多年后安德烈斯 · 伊涅斯塔对阵切尔西时的压哨球如出一辙，巴塞罗那得以继续走下去，并最终在决赛中击败曼联夺冠。

这充分说明了成功和运气之间的关系，同时你也要把握住运气。这就是为什么做球员时，我总是尽力主导比赛，确保一切都在自己的掌控之中。1992 年 5 月 20 日在温布利大球场迎战桑普多利亚的比赛同样如此，90 分钟过后，比分仍是 0 比 0，罗纳德 · 科曼在加时赛里攻入了那记历史性的进球。历经 4 年，我的使命终于达成。温布利之夜场上的那支球队正是我理想中的样子，它既包括自己培养的加泰罗尼亚球员，也有为补充实力而精挑细选的外援，它向世人证明了实力，让球迷们释放出激情。当然，我也无法抑制内心的激动，全世界的球迷都通过电视看到了我爬过广告牌的画面。有时候，连你本人都无法解释自己的一些行为，这就是很典型的一幕。你那么做只是因为它是你的第一反应，或许是激动，或许又不是。我要到场地里去，翻过广告牌是最快的路径，所以我应该只是按常识行事。

在伦敦赢得冠军杯之后，整个加泰罗尼亚都陷入了疯狂。几周后，我们蝉联西甲联赛冠军，球迷们更是彻夜狂欢。难以置信却又真实地发生了：整个赛季我们只有一次排名榜首，那就是最后一轮比赛结束之后。我们在主场击败了毕尔巴鄂竞技，领头羊皇家马德里则 2 比 3 不敌特内里费，巴塞罗那因而在积分上逆袭登顶。从情绪角度来说，这次联赛夺冠的激动程度甚至超过了在温布利夺得冠军杯。巴萨的比赛率先结束后，我们全体都站在中圈内，等待着特内里费那场的终场哨，这是你永生都不会忘的经历。

遗憾的是，罗纳德 · 科曼没能体会到这种特殊的感觉，时任荷兰队主帅里努斯 · 米歇尔斯已经把他招走，去参加一场国家队的训练赛。得知此事后，我觉得这简直是开国际玩笑。而且这么做的不是别人，竟然是米歇尔斯！我简直无法理解。对球员来说，这实在太残酷了。你为争取冠军踢了整整一个赛季，但到最后却无法前来领奖，荒唐至极。

7

手术失败误了约尔迪

听上去或许有些矛盾，但在巴塞罗那最成功的1991/1992赛季，问题逐渐暴露出来，并在日后导致了我同俱乐部的分道扬镳。这简直就是阿贾克斯的翻版，我在1987年赢得欧洲优胜者杯冠军之后就曾有过前车之鉴。只要球队一出成绩，每个人都有些忘乎所以。这也是典型的巴塞罗那风格：胜利的喜悦尚未褪去，俱乐部便急忙同球员续签合同，就连那些表现平庸的球员也获得了续约机会。努涅斯和副主席霍安·加斯帕特重又掌管了一切，加斯帕特名义上负责合同事宜，但他当然唯主席马首是瞻。尽管我们大获成功，但我同努涅斯依然保持着“公事公办”的关系。我怎么也做不到信任他，而且他总是让我觉得，我存在的意义就是能帮他保住自己的地位。在我看来，我必须保持自身强大，否则就会陷入困境。

成功也有其副作用，让每个人都受到影响，这在新赛季伊始便显现了出来。1992/1993赛季欧洲冠军联赛第二轮，我们被莫斯科中央陆军以总比分4比3淘汰出局。1992年12月，我们在丰田杯中1比2不敌圣保罗队，我仅有为数不多的几次坦然接受失败的经历，这是其中之一。我一直十分景仰巴西教练特莱·桑塔纳的远见卓识，他表现出的是对足球发自肺腑的热爱。他有幸领军巴西队参加了1982年世界杯，但那支超凡脱俗的桑巴军团却输给了意大利队，这让我联想到1974年世界杯荷兰队败给联邦德国队的遭遇。尽管获胜的是意大利队，但人们印象更深的是巴西队的踢球方式，以及他们天赋异禀的中场球星：济科、苏格拉底、法尔考和塞雷佐。

10年之后，特莱·桑塔纳成为南美冠军圣保罗队的主教练，他打造了一支属于自己的"梦之队"，与我们在东京狭路相逢。那场比赛之后，我告诉媒体：假如你会被车撞死的话，最好让一辆劳斯莱斯来。

在国内联赛中，我们又在最后一天扭转乾坤。无巧不成书，帮助我们的又是特内里费，他们1比0击败皇家马德里，使我们积分后来居上夺得冠军。一年后，我们连续第三年得到命运女神的垂青。1993/1994赛季，拉科鲁尼亚在联赛中领跑，但在最后一轮的最后一分钟，他们错失了一记点球，只能0比0同巴伦西亚战平。我们因此得以反超拉科鲁尼亚，实现了联赛四连冠。

1994年，我们还进入了欧洲冠军联赛决赛，对阵AC米兰。我们庆祝完联赛夺冠没几天，就要踢那场比赛。它再一次说明，不管做什么事情，时机非常重要，早一步或晚一步都可能被搞砸。面对一个出色的对手，小错误累积到最后，就会导致一场0比4的惨败。

自此之后，越来越多的问题浮出了水面。在6年的时间里，巴塞罗那队一直在走上坡路，球员也随俱乐部一起成长。跟在阿贾克斯时一样，我们拥有的不仅是一批才华横溢的球员，同时也是出类拔萃的人，他们给了我和其他人许多正能量。

在日常生活中，我跟球队的很多年轻人都关系密切。我从没有将自己的私生活与工作完全割裂开，我常和他们一起去饭馆吃饭，或参加他们的生日派对。从职业角度来说，我也要尽量同球员维护好关系，如果他们觉得自己受到冷落的话，内心一定会倍感失望。另一方面，我还是一个事必躬亲的教练，假如有队员要动手术，我会亲自到手术室盯着，确保大夫的手术刀没有割错腿。为了让受伤队员安心，我养成了一个逢手术必到场的习惯，以此安慰他们只要教练在，就一切都好。我每次都穿上手术服，再戴上手术帽和口罩，这让球员放松下来，我也有责任这样做。

其结果是，这么多年下来，我对医学越来越着迷。大多数外科医生都很满意这样的安排，各种类型的手术都允许我在场。有一回是华盛顿外交官队队医参与的脑部手术，我惊奇地目睹了大夫移开一块颅骨，然后用妙至毫巅的技艺将问题解决，那次是最有意思的经历之一，我很乐意观察真正的行家里手操作各自专长的过程。

多年来我亲眼见证了很多次手术，这让我对相关领域有了深入了解，特别是在腿部手术方面。后来在巴塞罗那队，由于照看球员的优秀人才不足，我能预判出球员腿部哪里会出问题。

经过6年构建之后，转折点出现在了1994/1995赛季。那一时期，俱乐部必须认真思考新老交替的问题，如何一步一个脚印，替换掉业已成功但逐渐老化的阵容。在这一过程中，俱乐部管理层首先要明了这样做的初衷，要清楚远期战略是什么，还要从胜利的疯狂中冷静下来。比如说，米歇尔·劳德鲁普和门将安东尼·苏比萨雷塔要离开巴萨，分别转投皇家马德里和巴伦西亚。这引发了很多争论，而我只是不想让冷板凳成为这些伟大球员的归宿，他们不应该只做第十二人。

这种情形下，教练和董事会必须达成统一阵线。这原本给了努涅斯机会，以证明我执教巴萨并非为了他的个人利益，我们合作是为了球队发展。但实际情况是，他的行为恰恰佐证了这些年我对他的怀疑是多么正确。跟托恩·哈姆森在阿贾克斯的路数相同，努涅斯也开始在媒体上大放厥词，同荷兰一样，只有少数记者能看穿他的把戏。

那个赛季唯一的亮点是我儿子约尔迪的一线队首秀。1994 年 9 月 10 日，他在巴塞罗那同桑坦德队的比赛中登场。当时他刚 20 岁，开赛不久便帮助球队先拔头筹，为最后的 2 比 1 获胜立下头功。但可惜的是，由于我的存在，努涅斯处处找他的麻烦。

1995/1996 赛季是我执教巴塞罗那的最后一个赛季，它同我在阿贾克斯的最后几个月如出一辙。几年来，我们在转会市场的操作中出手快且准，但到了 1995 年，董事会却突然开始横加干涉。有个例子，我想从波尔多签下天赋甚佳的齐内丁·齐达内，但董事会却没看上他，我的想法最终落空。我还注意到，我的地位正逐渐被削弱，连我们合作的一些医生也不再配合，他们中有些人觉得自己碰不得。最糟糕的是有一次要给球员动手术，我们请了一个专家小组前来操刀，然而在手术室外，医院的一名大夫却突然变卦，而且态度强硬："这是我的医院，只有我才能做这个手术……"由于球员已经进了手术室，其他人也拿这个大夫没辙。尽管在这一特定领域，现场有人比他更纯熟，但在那人看来，他的自尊心高于一切，比俱乐部和球员的利益更重要。

就我个人而言，约尔迪 1995 年末的那次手术让我备受打击。手术涉及一个半月板，这对骨科大夫来说再简单不过。然而不幸的是，手术并没有预期的那般顺利，这给约尔迪的职业生涯带来了严重后果，直到今天，他的膝盖仍觉不适。约尔迪稍有些罗圈腿，这种情况要求大夫不仅对膝盖动刀，而且必须考虑膝关节的平衡，否则麻烦会更大。结果令人悲哀，事实上，手术之后，约尔迪在训练中再也达不到100%的状态，也就是说他无法发挥出自己的所有能力。

到1996年4月，形势已经明朗，我们那个赛季颗粒无收，自我1988年上任之后，这还是第一次赛季无冠。对于球队更新换代的进度，我并没有什么不满，但是，作为全体球员的代言人，我对俱乐部其他很多负面的东西都无法接受。越来越多的事情都把我蒙在鼓里，之前达成的很多约定不再被尊重，那种局面充满恶意，同俱乐部的关系每况愈下。突然有一天，我在报纸上看到自己已被解雇的消息，而努涅斯和加斯帕特想要博比·罗布森来替代我。这太离奇了，就在前几天，我还同努涅斯就即将到来的新赛季进行过对话，我私下里则说服了路易斯·恩里克从皇家马德里投奔巴塞罗那。那个年轻人是因为我才来的，这一点努涅斯心里很清楚，但他却隐瞒了即将炒掉我的计划。

再糟糕不过的是，临时接替我帅位的是我的朋友、得力助手卡尔斯·雷克萨奇，而且他表现出的态度就跟这是天经地义的一样。真没想到居然是雷克萨奇，因为他跟努涅斯抗辩时总是比我还强硬。第一堂训练课，他就为自己的决定受到了惩罚。约尔迪断然拒绝跟他训练，这直接导致了一场冲突。俱乐部最终做出决定，约尔迪在主场同维戈塞尔塔队的比赛中首发出场，以便稳定住球迷们的情绪。所幸，这场比赛变成了日后美好的回忆。巴萨一度0比2落后，但最后3比2反败为胜，约尔迪是球队逆转的功臣之一。不过，最为美妙的是，在球队攻入制胜球后，约尔迪来到场边，迫使雷克萨奇同意将他换下，接受全场球迷的起立鼓掌。约尔迪赛后解释说，他那么做，是想让球迷们有机会感谢自己的父亲。

那同时成为约尔迪为巴塞罗那效力的最后一场比赛。

令人悲哀的是，我在巴塞罗那的结局竟然跟阿贾克斯一模一样。我是带着一种使命感来到巴塞罗那的，我想通过努力，最终改变其固有形象——他们或许是世界上最富有的俱乐部，但他们的踢球方式从来都不是最好或是最漂亮的。我取得的成功不仅意味着我实现了既定目标，同时也表明我的付出超越了单纯的教练范畴。但是，巴塞罗那问题的症结在俱乐部自己，做什么都逃不脱政治。这也可以解释我为什么对有些管理人员深恶痛绝，他们就像马戏团的小丑一样，为了个人利益装腔作势，那只会把俱乐部推向深渊，好在他们到最后还是暴露了自己。在阿贾克斯，哈姆森这么干过，后来在巴塞罗那，努涅斯也这么干，我庆幸自己从中脱离了出来。

很显然，我的职业经历对家庭有着巨大的影响。我们全家人感情深厚，不管外面发生了怎样疯狂的事，我们总是尽可能地让家人少受干扰，但这对丹妮、尚塔尔、苏西拉和约尔迪来说并不容易。在所有孩子当中，约尔迪是受影响最大的，但压力同时将他锻造成了今天这个特别的男人。我职业生涯中几乎所有的决定都深深地影响着儿子的生活。1983 年，我被迫离开阿贾克斯时，约尔迪留了下来，我转投费耶诺德，对他的俱乐部实施了报复。后来离任阿贾克斯主教练，我再次告别德米尔球场，约尔迪也不得不离开了他的球队和队友。在那之后，我对他生活的影响还在继续，因为在巴塞罗那，总有人嚼舌头，说他之所以能进队，只是因为他是教练的儿子。当然，在阿姆斯特丹时，很多人也讲同样的话。

正是这样的原因，他代表荷兰完成国家队首秀，后来又参加1996年欧洲杯，这些都让我感到再欣慰不过。召他入队是国家队主帅古斯·希丁克的个人行为，我绝对没打过任何招呼。那届欧洲杯，在伯明翰进行的同瑞士队的比赛中，约尔迪为荷兰队首开纪录，我简直欣喜若狂。那一刻，一幕幕往事在你的脑海中闪现，看台上的你望着30米外球场上的他，经历了那些烦扰、谣言、痛苦，他毫发无损地走了出来，并且证明了自己。我内心的骄傲无以复加，我一生中像这样激动的时刻并不多。

看到有人表现非凡，有时你浑身会起鸡皮疙瘩。如果那人单纯只是出色，在我看来没多大意义，但假如他能带来额外的东西——如田径运动员埃德温·摩西曾经做的一样，连赢100多场比赛，那就会让我大受触动。我认为那实在太了不起了，不可思议的优秀。如果你能力突出，独孤求败，久而久之你就会变得厌倦，这属于人之常情。然而，摩西多年坚守信念，周三奉献世界级表现之后，到了周日继续提高自己的成绩。你要是能做到这样，你是真正的伟大，而且超越了仅是运动员的范畴。

事实上，你从所有顶尖运动员的身上都能看到这种品质。不管从事哪个项目，从裁判吹响开场哨或是发令枪响的那一刻起，那些最出色的运动员都会全力争胜。对某些人来说，这是一种根深蒂固的文化，而不仅仅是品质，它就存在于你的大脑和身体中，在最关键的时候显露出来。

拥有它的球员不仅知道出人头地很难，而且也知道有多难。像我一样需要从体内唤起这种文化的人，都对它深怀敬畏之心。在任何特定时刻，当觉得需要证明些什么时，你就会做出证明，这实在是好极了。它说来神秘，除了跟天赋有关之外，还要求你调整好每一个细节。当然，你同样离不开品质，否则也不可能成功。我总是很乐于观看最顶尖球员的表现。

我也因此为约尔迪感到骄傲，对于自己该做的事情，他几乎从未敷衍了事。在他还是孩子时，从他踢球的方式上，我就看出他在足球上有些天赋。不过在早年间，我不可能每天都关注他踢球。我们在巴塞罗那住在一幢公寓楼内，在那样的环境下，他只能随便摆弄摆弄足球，虽说也经常玩球，但并非真的在踢球。直到我在阿贾克斯当教练之后，约尔迪才真正开始接受系统训练，那时他大概10岁。而在那之前，我基本上对他顺其自然。在美国期间不同于巴塞罗那，他可以到街头踢球，而且美国还有足球夏令营，孩子们整天都可以踢球。华盛顿是一个极为欧化的城市，很多家庭都送自己的孩子参加这种夏令营。对约尔迪来说，这既利于他提高自己的英语水平，也能参与不错的体育运动。

在我们返回荷兰之后，约尔迪得以进入阿贾克斯接受训练。他的水平突然让人刮目相看，而且还不断提升，因为在我们芬克费恩（译者注：位于阿姆斯特丹和乌得勒支之间的小镇）的家，后花园有个带球门的小足球场，他在家也可以练，这确实非常棒。通过一种异乎寻常的方式，我看出他是块好球员的料。约尔迪是左撇子，但只有当他罚点球时你才能看得出来，而实际上他的右脚技术看上去并没有多好。在他小小年纪，我就发现了他这个奇妙的特点。

从年少时起，约尔迪就不得不面对一项特殊的挑战，而这跟我的名气不无关系。假如某场比赛他表现糟糕，他继承的是母亲的基因，假如发挥出色，他继承的则是父亲的优点。

如果说这些你还能应对的话，当我加盟费耶诺德而他留在阿贾克斯时，就完全是另一回事了，那段时期可以说困难重重。在这种处境下，我对领队亨克·范特嫩布勒克格外感激，因为他当时马上任命约尔迪为阿贾克斯少年队队长，对一个如此年少的孩子来说，这绝对是一个特别的姿态。有些事情会永远停留在你的记忆中，在约尔迪身处极端恶劣的环境时，他的教练扭转了局面。在那个时候，这是任何人为我儿子所能做的最重要的事，范特嫩布勒克考虑得相当周到，这对我来说同样极其宝贵。顺便说一句，我已不记得当年在阿贾克斯，谁曾恶语中伤过约尔迪，谁曾说过他比别人有优势只因是我儿子。我很可能听丹妮跟我讲过这些，因为在约尔迪小时候，丹妮总陪他一起去俱乐部训练。而我在退役前以及后来执教阿贾克斯时，都没什么时间陪约尔迪。

尽管约尔迪很中意阿贾克斯，但在1988年，年仅14岁的他随我们迁往巴塞罗那。他通过了巴塞罗那队的试训，在我执教巴萨的8年时间里，他一直都在那里踢球。约尔迪每年都一步步接近一线队，终于在1994年，我认为他已足够出色。20岁迎来一线队首秀，这个年纪已经不算小了，但这并不重要。整个过程还费了一番周折。西班牙足协有个奇怪的规定，外籍年轻球员不能参加全国性质的比赛，只能参加地区比赛。这实在太荒唐了。约尔迪可以代表巴萨B队参加加泰罗尼亚地区的比赛，但无法进入一线队参加全国比赛。

荷兰人岂能容忍这种事情，我有些被激怒了。我抄起电话就给西班牙足协打了过去："我打电话是想告诉你们，他（约尔迪）周日就要代表一线队比赛了。如果你们想为此禁赛谁的话，我想让你们知道，我是不会接受的。我在这里居住，是名荷兰人，也是巴塞罗那队的教练，我不是过客。我儿子应该跟西班牙、加泰罗尼亚或其他地方的孩子一样，享有同等权利。我不能容忍任何区别对待。

我依法纳税，其他人做什么，我也做什么，所以我的孩子应该拥有同样的权利。”约尔迪入选一线队阵容参加了比赛，西班牙足协也没提出异议。我想他们最终还是认可了，之前肯定是忽视了那项旧规定，忘记改过来了。

不管怎样，我主要想说的是，围绕约尔迪的是非太多了，人们议论“约尔迪综合征”这样的话题绝非偶然。除了面临以克鲁伊夫之名站在球场上的压力外，还有一个难题是我俩都在巴塞罗那工作，选不选他上场始终得是极为客观的决定。

在巴塞罗那，我可以密切关注约尔迪的进步，原因是我要随时掌握三支球队——一队、二队和三队的情况。一旦有球员准备升级，我需要同他的教练直接沟通。而且，我历来主张时机成熟时，你应该给球员这样的机会，我不在乎他是在青年队还是二队踢球，人才不应该被埋没。总之一句话：放手使用，观其成效。

对待约尔迪差不多就是如此。不过，他的水平必须高于其他人，因为对一位父亲来说，你最不想看到的事情是10万人一起嘘你儿子。还有一些蠢货鼓噪说我任人唯亲，对自己儿子特殊照顾。事实并非如此。在最艰难的环境里，约尔迪必须足够坚韧来保护自己。

我的思维过程同那些白痴嚷嚷的正相反，生出给约尔迪首秀机会想法的那一刻，我心中已有一套完整规划。我要等他到达一定水准，可以从容应对体育场内10万人对他的批评，或者说，等他能让那些人服气，是他们指责错了人。足球或许是一项充满失误的游戏，但必须有人具备抑制它们的能力，约尔迪需要在身体和精神上都足以胜任这份工作。

那些认为我优待自己儿子的人明显不懂足球，正因如此，我从来不让这种无稽之谈影响心情。对我来说，在我心中占据重要地位的是那些支持我的人，跟我每天共事的人，跟我交流球员状况的人。所以，我同托尼·布鲁因斯·斯洛特和卡尔斯·雷克萨奇坐在一起，提出一个问题："他做好准备了吗？是的，他准备好了。那就可以派他上场。"

经过就是这样，球队上下也都认为这是世上再平常不过的事，他们早已习惯了约尔迪的存在。约尔迪跟其他人一起训练，还经常出现在一线队更衣室，每个人都很熟悉他。不过，一切的基础和出发点还是看个人水平。他行还是不行？约尔迪能力到了，那么在1994年9月10日主场迎战桑坦德的比赛中，他上演了自己的巴萨处子秀。

最吃惊的人是丹妮，她对此毫无思想准备。她正坐在看台上，突然看到约尔迪跑到了场上。事后我可遇到了真正的麻烦，不过不是在俱乐部，而是在家里。所幸一切都很美妙，甚至可以说好极了。约尔迪开场仅仅8分钟便鱼跃冲顶破门，我们最终2比1获胜，他是表现最好的球员之一，球迷起立为他鼓掌。

不幸的是，我在1996年被解职时，约尔迪也被迫离开了巴塞罗那。我们早就料到了这一幕，这是赶走我的计划的一部分。巴塞罗那俱乐部有一项硬性规定：避免球员进入合同期的最后一年。基于此，所有球员的合同都还有两三年才到期，这样的话，在赛季过程中，就不会有人因合同即将到期而产生任何抱怨。但约尔迪是个例外，尽管他是从二队升入一队的年轻球员之一，他的合同却没有任何变化，而通常情况下，球员进入更高一级的球队之后，应该获得一份新合同。自从一年前完成首秀之后，约尔迪就时有亮眼表现。

但越来越频繁的是，每次比赛前一天，有时是赛后一天，他都不得不进行休整。这都是拜一位医生所赐，他不仅把事情搞砸，后来还介入到不给约尔迪新合同的闹剧中。在动完手术之后，约尔迪就没再听董事会说过一句续约的话。尽管在1995年12月，双方已经口头同意了续约条款，但回过头来，约尔迪根本没收到俱乐部送上的合同文本。他每次去追问，他们总是找各种理由敷衍他，说正在敲定合同细节。次年4月，约尔迪再去询问，但到了那时，在跟我对抗的政治游戏中，他们很显然把这个年轻人当作了筹码，那是一种难以想象的残酷处境。就在我被解约的同时，约尔迪的合同也到期了。

但俱乐部企图宣称还拥有约尔迪的注册权，我们决定采取强硬措施。好在约尔迪能够证明他的合同并未延长，也就是说他可以以自由身离开。在发布会上，努涅斯还给我儿子泼脏水，明明是他想让我儿子走人，却公然扬言约尔迪靠他爹上位，又使用种种手段让自己以自由球员身份离开。

幸运的是，约尔迪很快就迎来了利好，曼联主帅亚历克斯·弗格森似乎很看好他，其中一个重要原因是在巴塞罗那4比0击败曼联的冠军联赛中，约尔迪表现超凡。于是，在22岁那年，约尔迪转至老特拉福德。告别马蜂窝式的巴塞罗那队，他终于回到了好人身边。包括埃里克·坎通纳、大卫·贝克汉姆在内，所有人都热情欢迎约尔迪的到来。这是这些年来让我印象最深的：那些天赋高的球员，人品同样没得说。不管什么体育项目，我还从没见识过哪位顶尖运动员卑鄙下作或是恃强凌弱，那种人根本不存在。对待坎通纳、贝克汉姆或其他正效力于此的球星，每个人都有各自喜欢他们的理由，但他们有一个共同点，那就是对年轻球员都关照有加。那种感觉非常美好。很多情况下，你对一些人的看法和印象，是通过报纸的报道得出的，怎么看待他们那是你的事。不过，在现实生活中接触之后，你会发现他们跟那些负面内容描述的完全不同。我之前请高水平的运动员帮忙时，没有任何一个人拒绝过我。

1996年，我们全家还留在巴塞罗那的时候，约尔迪离开我的羽翼，远赴英伦。我对他没什么不放心的，就连他的主场比赛我也不是每场必到。这个问题我考虑过很多，最终还是决定让约尔迪远走高飞，自己出去打拼。我也试图找到一种平衡，因为我知道假如我去老特拉福德观看他的比赛，事情可不会那么简单。我需要应对媒体的采访，或者他的教练主动约你攀谈一番。虽然对我来说那再正常不过，但现在约尔迪是他的队员，不是我的。那真的让我内心很纠结，你特别想去现场，但又不能去。

当然，我还是去老特拉福德看过一些比赛，也不可避免地碰到了亚历克斯·弗格森爵士。有时候，我们的交流不得不保持一定的距离，不能显得太亲密。这主要取决于球队的整体表现以及约尔迪的个人发挥，当然，还要看赢没赢球。我有时到了老特拉福德之后，不得不像捉迷藏一样隐匿行踪，以免撞见俱乐部的人尴尬。我跟丹妮达成共识，当球队某个阶段战绩不佳时，我们就不去曼彻斯特，等到下一个主场情况好转时再去。

约尔迪2000年转会到阿拉维斯队之后，类似的事情也发生过。球队主教练时而会征询我的意见，不过他那么做只是出于兴趣。俱乐部主席同样如此，他有时饶有兴致地邀我出来陪他坐坐。这既正常也不正常，因为它终归有影响到我儿子的风险。我必须老实承认，这种情形总是让我左右两难。不管怎样，约尔迪在曼彻斯特度过了愉快的4年时光。对我来说又何尝不是呢？我已结束执教生涯，有大把的时间随心所欲干自己想干的事，比如定期去英格兰看球。我是真心欣赏英格兰的足球，喜欢他们无与伦比的足球氛围。可惜的是，我从没有在那儿效力过，因为我那个年代，英格兰联赛对外籍球员还没有放开。正因为如此，我认为约尔迪能有这样的经历简直太棒了，而且还是在英格兰最伟大的俱乐部。我儿子得到了我没能得到的机会，我觉得很了不起。

一走进老特拉福德，我就乐在其中了。大家彼此相熟，你能碰到自己当年踢球时的对手，比如博比·查尔顿，他当然是那里的常客。虽然我不是谁都认识，但我却感觉每个人我都认得。无论什么时候去，我都觉得有些不可思议，那种感受就是你去了某个地方，身边全都是自己的熟人。尽管你清楚现实并非如此，但它实际上就是会给人这种感觉。

坐在看台上看儿子在场上比赛，那种感觉同样很棒。而且我很欣赏英格兰球迷，他们打心眼里尊重那些发挥出色的球员，不仅仅因为他独特的天赋，还因为他100%的全情投入。这种现象在荷兰或西班牙是没有的，马德里竞技的主场是个例外，那里的球迷同样敬佩在比赛中尽心尽力的球员。英格兰球迷还对自己的主队忠诚如一，那已融入他们的DNA，不管球队处于顺境还是逆境，他们始终不离不弃。这就是为什么只要每个人都全力以赴了，他们可以坦然接受失败。

我和丹妮没有给约尔迪带来兄弟，但在英格兰，他却结识了一位兄弟——我们就是这么看待罗伯托·马丁内斯的。约尔迪在曼联踢球，而罗伯托在维冈竞技，两人成了亲密无间的好友，我那时觉得他们有可能会到同一支球队效力。两名年轻人身怀技艺，意气风发。当然，他们之间的关系还不止于此。后来，我的孙子又在罗伯托手下在维冈队踢了两年，他进入的是二队，但这跟他的能力是匹配的。我时常去那里看看，通过近距离观察，你能看出罗伯托在教练位置上干得相当不错。尽管相对来说维冈是家小球会，但他却带队赢得了足总杯冠军。而且，你一看罗伯托就知道他是个靠谱的小伙子，从里到外都透着真诚和善。

总之，约尔迪在英格兰期间的表现极为出色。也是在这个国家，我有着关于他踢球时最美好的回忆：1996年欧洲杯，在维拉公园球场同瑞士队的比赛中，他打进一球帮助荷兰2比0取胜。正是这些美妙的时刻，让我心中平和沉静，不由自主地想：我看得清清楚楚，他做到了，而且做得恰逢其时。

在为雷克萨奇的巴塞罗那队出战的最后一场比赛中，约尔迪的举动同样让我难忘。比赛一结束，他便走下球场扬长而去："再见了，我要走了。"事实上，除了足球技能，这是他性格中额外的东西，很清楚什么时候该做什么事。

我当然为之十分动容，那是肯定的。它是发自内心的激动——其实也不是激动，而是骄傲。你很少能见我这样，但我也是有七情六欲的人。约尔迪对阵瑞士队打进那记关键球之后，人们看到了我在看台上的反应，还有巴塞罗那击败桑普多利亚夺得冠军杯之后，我试图跨过广告牌却没能成功的一幕。有时我也会情难自已。

纵观约尔迪的整个职业生涯，他经历了出道时的一鸣惊人到后来的差强人意，再到最后的平凡无奇。但回想起来，从我自己再到约尔迪，我所面对的都是极好的情形。看到他成为特拉维夫马卡比队的技术总监，展现自己的能力和思维方式，我替他感到由衷高兴。约尔迪性格直率，言出必行，这一特点极为显著。

通过自己的方式，他做了大量有益的工作，而且对人对事他都坦诚以待。就他所处的极端艰难的环境而言，这是他额外的能力。马卡比队的球员有三种：犹太人、巴勒斯坦人和阿拉伯人，他们都是土生土长的本地人。约尔迪尽己所能想组建一套最强阵容，但假如阿拉伯球员或巴勒斯坦球员进入了球队，很多犹太球迷就会表达不满。一旦这样的事情发生，约尔迪是那种尽量维护每个人利益的人。在我看来，这对他是一种超值的锻炼。

总的来说，尽管受伤病影响，但约尔迪还是有着辉煌的职业生涯，他入选了荷兰国家队，先后效力过阿贾克斯、巴塞罗那、曼联、阿拉维斯和西班牙人这样伟大的俱乐部。之后，他又前往乌克兰，加盟了荷兰教练科·阿德里安塞执掌的顿涅茨克冶金工人队，随心所欲地享受足球。约尔迪球员生涯的最后一站是马耳他的瓦莱塔队，2010年他正式退役，成为一名教练。辗转马耳他和塞浦路斯之后，他又到以色列执教。这一切都表明约尔迪有着极为坚韧的性格。另一方面，他过去有着一头浓密的头发，现在基本上都掉光了，我怀疑这对他的打击比我想象的还要重。正因如此，他能取得今天的成绩，真的让我感觉殊为不易。

8

尝试新事物

约尔迪效力曼联期间，我之所以能随时关注他的动态，是因为我人生中第一次脱离了足球，既不是球员也不再是教练。但我丝毫没有觉得无聊，我决定不能让自己闲下去，观看约尔迪的比赛就是计划的一部分。当球员和教练时，我始终都是一个理想主义者，所以我希望能把自己的经验运用到新的挑战中。

这一想法很快便得以实施，我接触到的大部分东西都是我所擅长的。除了关注约尔迪的比赛，我每周为荷兰《电讯报》体育版撰写专栏，给西班牙的报纸写文章，还在国家公共广播机构NOS（荷兰广播联盟）担任比赛解说嘉宾。此外，我还被要求去扶助健康诊所。我不断地开阔自己的眼界，这种感觉不错，而且其他事情我都不需要再做了。这就是为什么我从来没有怀念当教练的日子，何况重走老路的感觉并不好。我不想重复自己之前做过的事情，而是继续前行。

由于我看事物爱琢磨，所以有时就会遇到一些新奇的东西，比如我跟克雷格·约翰斯顿和雅普·德赫罗特共同创办的六人制足球赛。克雷格是一个生于南非的澳大利亚人，效力利物浦队期间最终入选了英格兰队。雅普的母亲是美国人，他的父亲曾在阿贾克斯队踢过前锋，他本人大部分时间都是在得克萨斯州长大的。因此可以说，他们都有在国外成长的经历。他们提出了一个设想，将六人制足球训练跟娱乐性相结合，也就是说同常规的足球赛相比，新玩儿法的场地更小，但球门大小一样，其结果是门前的精彩场面会层出不穷，比赛中能出现更多的射门和进球。

足球比赛过程中伴有音乐，这很美式，它的目的就是要娱乐观众，同时吸引更多的年轻人参与。我马上就接受了这一想法。我在阿贾克斯效力时，就经常踢六人制足球进行训练，后来当了教练，我也这么要求手下的队员。通过六人制足球，实际上你能达到你想练的所有目的：技术、速度、站位。而且它三条线都能得到锻炼，所以也可以运用到十一人制足球中。

我们还决定在规则中加入克鲁伊夫元素，用我的球衣号码 14 作为主线贯穿其中。举例来说，一场比赛上下半场各 7 分钟，场地的长度为 56（14×4）米，宽度为 35.32 米（球门长 7.32 米，两边到角旗的距离各为 14 米）。我们也想方设法让比赛节奏更快，更具观赏性。比如球出边线后，你可以选择用手抛也可以选择用脚踢来恢复比赛，不过，手抛球不存在越位，脚踢球则存在越位。球员被出示黄牌后要被小罚出场 2 分钟，而且不能被替换。吃到两张黄牌等于一张红牌，会直接被罚下。

有条规则设定得不错：一队进球之后，球童必须在 10 秒内将球掷回中圈开球点，这样即使进球方的庆祝还没结束，开球方也可以立即重新开球并展开进攻。比赛没有平局，必须分出胜负，因为娱乐性非常重要。常规时间内双方如果打平，则要通过点球大战决出胜负。点球决战时，主罚球员从中线开始带球，必须在 5 秒之内完成射门。常规比赛时间内赢球的队得 3 分，输球的队为 0 分，而通过点球大战取胜的一方还是得3分，输球方得1分。

你可以看出，我们都对六人制足球很上心，所以说，始于1997年的一种趣味性的训练方式，6年之后促成了第一块克鲁伊夫球场的落成，这或许并不是巧合。（克鲁伊夫球场由克鲁伊夫基金会负责修建，地点选择在市中心平民区，旨在帮助更多的孩子踢球。）我有好多次都很感慨：有些事情由我首创，几年后，它似乎成了某些全新计划的灵感之源，一如六人制足球。

最终，六人制足球赛于1997年1月27日正式推出，比赛地点在阿贾克斯队新落成的主场阿姆斯特丹竞技场，参赛队包括阿贾克斯、AC米兰、利物浦和格拉斯哥流浪者。时任欧足联主席伦纳特·约翰松盛赞我们的创意，并立即表达了他的支持。

这是高水平的足球赛事同参赛队所在国家娱乐元素的结合。除此之外，我们在两侧球门后各立起了一块大屏幕，有人进球后，大屏幕上出现球员的中景，就会营造出一种三维空间感。我们并不单纯想打造一项好看的比赛，还希望通过现场直播吸引全世界球迷的关注。为实现这一目的，我们邀请了CNN（美国有线电视新闻网）和MTV（全球音乐电视台）进行实况转播。这对音乐电视台来说同样再合适不过，因为在比赛间隙，保罗·加斯科因、保罗·马尔蒂尼、史蒂夫·麦克马纳曼和帕特里克·克鲁伊维特等大牌球星也会讨论跟音乐有关的话题。

赛事最终大获成功。决赛前，格里·马斯登、尤索·恩多、马西莫·迪卡塔尔多、勒内·弗罗赫尔等艺人进行了音乐表演，AC米兰随后在决赛中6比2击败阿贾克斯夺冠。4.7万名现场球迷、一百多个国家的数百万电视观众共同见证了这一时刻。

组织六人制足球赛也让我结识了彼得·布莱特曼——阿姆斯特

丹竞技场娱乐活动的负责人。彼得平时住在伦敦，他认识一群有意将顶级足球赛引入爱尔兰的生意人。每周都会有成千上万名爱尔兰人前往英格兰看球，这让一些投资人有了在都柏林兴建一座大型足球场的想法。温布尔登俱乐部位于伦敦，当时还身处英超之列，但没有属于自己的体育场，他们同意如果能保留自己的英超资格，就搬迁至爱尔兰首都。如此一来，为足球狂热的爱尔兰就在英超联赛中有了自己的俱乐部。

这一计划最吸引我的是其背后的和平主义理念。因为这是一家英超俱乐部，颇具吸引力，按照设想，爱尔兰边境两侧的天主教徒和新教徒可以在体育场内支持同一支球队，为本方进球后齐声欢呼。我认为这是个绝妙的主意，可以在暴力冲突频仍的时期，以和平之名组建一家足球俱乐部。由于天主教徒和新教徒势同水火，而我两派都不是，因此，立场中立的我就被视作理想的中间人，名义上为这项计划负责。我多次往返伦敦，同投资人商讨方案。我很享受这个过程，既参与了一项独特计划，同时，还可以在我最喜欢的城市之一游走。

不幸的是，爱尔兰足总不愿合作，他们坚持认为如果你在爱尔兰踢比赛，就必须参加爱尔兰的赛事，这导致方案最终胎死腹中。我觉得这实在让人遗憾，也不能理解。安道尔和摩纳哥不就是在西班牙和法国参加比赛吗？所以说，问题都不会自行解决，直到今天，爱尔兰仍连一家顶尖俱乐部都没有。不过，我却丰富了自己的经历，在某种程度上，我经常遭遇类似的事。虽然你不知道发生了什么，但你的确知道有些事正在发生。

一位西班牙法官在1999年的裁决亦是如此，那是在我离开巴塞罗那3年后。我同巴萨的合同中有一项条款，即我有组织两场慈善赛的权利，但俱乐部主席何塞普·路易斯·努涅斯却予以反对。法庭支持我维护自己的权益，不过有个限制条件是两场比赛需在判决生效后尽快举行。这几乎是不可能完成的任务，但最终还是顺利成行。首场比赛3月10日在巴塞罗那举办，第二场则于4月6日在阿姆斯特丹进行，两个难以忘怀的夜晚。

在诺坎普，10万名球迷终于等来了向20世纪90年代初那支“梦之队”致敬的机会，这是球员们理应受到的礼遇。过去几年，努涅斯企图抹杀掉那段美好时期的记忆，但在慈善赛中，球迷们却尽情表达他们的真情实感。终场哨吹响之后，我少见地浑身起满了鸡皮疙瘩。特别是当球员们把我围在中间，我代表他们向公众致谢时，这种感觉更为强烈。在那一刻，我未加思考，便下意识地唱起了巴萨队歌，整座体育场的球迷随即跟着唱了起来。多么美妙的时刻，当然，最美好之事莫过于姗姗来迟的正义。

一个月后，我又有了一次满身鸡皮疙瘩的经历。在巴塞罗那，当大家依旧津津乐道于球迷对“梦之队”的颂扬之时，在阿姆斯特丹，整个阿贾克斯——从球员、球迷到茶水女工、装备管理员、球童，每个人都已行动起来。

由于一年后阿贾克斯将要迎来建队100周年纪念，俱乐部不希望自己百年庆典的风头被抢，便决定给这次慈善赛冠以“30年决赛历程”的主题。只要参加过洲际赛事决赛的球员都在邀请之列，总计有50人之多，从皮埃特·凯泽尔到布赖恩·罗伊，从约翰·内斯肯斯到阿隆·温特，再从马尔科·范巴斯滕到丹尼斯·博格坎普。于是，它成了一个怀旧之夜，足球是唯一的主题，这正是阿贾克斯所主张的。慈善夜随着众名宿亮相拉开帷幕，接下来由阿贾克斯同巴塞罗那对阵半场，最后的45分钟则是阿贾克斯国际队（在海外踢球的前阿贾克斯球员组成）迎战西班牙冠军。

同巴塞罗那一样，阿姆斯特丹上演的也是一场盛大的派对，意外的收获是马尔科·范巴斯滕重新回到球场。效力AC米兰时，马尔科因伤在30岁时被迫退役，从此便远离赛场。反反复复的脚踝伤势最终终止了他的足球生涯，这对他的打击始终无法消除。慈善赛前，他表示自己不想出场参赛，但可以为比赛开球。比赛快开始时，我四处寻他不见，直到已经开踢了，我突然发现马尔科穿着装备就站在场边。很显然，更衣室内的热烈氛围感染了他，让他有了跃跃欲试的冲动。那是一个极为特殊的时刻，阿姆斯特丹竞技场先是突然安静了下来，因为大家不确定那到底是不是马尔科。当确信无疑之后，球迷们纷纷站起身，全场5万多人为他起立鼓掌。

当晚回到希尔顿酒店，有件事让我再次坚定了创办基金会的念头。很多阿贾克斯球员在酒店内促膝长谈，其中包括索伦·勒尔比和西蒙·塔哈马塔。两人都曾参加过欧洲俱乐部赛事的决赛，但由于代表的是其他球队而非阿贾克斯，故而慈善赛时他们都无法上场，只能作壁上观。这让我心里很不是滋味，因为像他们这样的球员理应得到褒奖。几周之后，我得到了让类似问题迎刃而解的方案。我不止一次跟岳父讲过，我想设立自己的基金会，这一想法要追溯到我在华盛顿参与特奥会的经历。我经常被要求捐助各种慈善活动，但却很少被告知这些捐助起了什么作用，派上了什么用场。

我初创克鲁伊夫福利基金会是在1997年，带着4月6日慈善赛的成果，我最终决意在荷兰用心办起来。它部分由荷兰国家邮编彩票资助，我首先通过瑞士儿童救助机构“人类的土地”了解这一行当。在一次头脑风暴会议上，有人提议我们做些什么，作为顶级足球向社会做出的姿态，为20世纪画上美丽又特别的句号。

我要在《电讯报》上选出荷兰足坛世纪最佳球员，读者可以购买每名入围球员的签名照，所得收入用以资助阿姆斯特丹拜尔莫居住区的一个青年项目，以及赠予橙衣军团球迷俱乐部的特殊礼物。

唯一的问题在于，签名照卖得再火，也属杯水车薪，无法担负所有的费用。所以，我们需要组织一场活动。于是，以“世纪之战”名义举办的纪念赛，将荷兰足球20世纪出产的优秀球星再次呈现在公众面前。

那是一个盛大的场面。1999年12月21日，荷兰足球史上最出色的国家队教练和球员在阿姆斯特丹竞技场重聚，除此之外，还有曾在荷甲效力的最佳外援们。里努斯·米歇尔斯执掌一支球队，从丹尼斯·博格坎普到名宿法斯·威尔克斯，他有近40名荷兰国脚可以调遣。巴里·休斯统领的“外援队”同样人才济济，索伦·勒尔比和西蒙·塔哈马塔就在其中，正是这两人最早激发了我们的这个想法。用这种形式向20世纪告别，绝对是当之无愧的。不管是奥维·欣德瓦尔、拉尔夫·埃德斯特罗姆还是斯特凡·彼得松，他们在比赛中分别穿着费耶诺德、埃因霍温和阿贾克斯的球衣，其他队友同样如此，三家俱乐部聚合在了一支球队。

这个夜晚的压轴戏是为12尊雕像揭幕，12尊雕像属于20世纪荷兰足球最佳11人及最佳国家队主教练，这是球员们赠予橙衣军团球迷俱乐部的礼物。里努斯·米歇尔斯、埃德温·范德萨、路德·克罗尔、路德·古利特、弗兰克·里杰卡尔德、约翰·内斯肯斯、维姆·范哈内亨、阿贝·伦斯特拉、马尔科·范巴斯滕、皮埃特·凯泽尔、法斯·威尔克斯和我本人都被铸成了铜像，至今仍矗立在位于宰斯特的荷兰足协运动中心的门口。本场世纪之战的净收入约为100万荷兰盾，足够在拜尔莫居住区建造一个多功能运动中心，剩余资金则转入约翰·克鲁伊夫福利基金会。通过这些世界级球星，我们向所有人传递出的信息同样重要：以体育的名义，我们可以做得更多。

我们总是想方设法运作一些事情，一个很好的案例是温特舞会。我同雅普·德赫罗特和卡巴莱艺人拉乌尔·海尔策筹划在剧院组织一场足球赛。有此想法纯属心血来潮，因为在我们看来，顶尖球员实际上就是艺术家，适于剧场演出。不过，起初我们也只是一笑了之，直到2003年6月，这一想法真的实现了。

比赛在阿隆·温特的退役仪式后进行，场地是阿姆斯特丹音乐厅。阿隆的处子秀是在我执教阿贾克斯时完成的，他的老队友弗兰克·里杰卡尔德之前有些担心他会如何结束自己的职业生涯。但事实再次证明，球员们永远都不会让彼此失望。从马尔科·范巴斯滕到罗纳尔多，从保罗·因斯到罗伯特·迪马特奥，阿隆在阿贾克斯、拉齐奥、国际米兰、荷兰国家队效力时的队友几乎全都腾出时间，前来参加他的告别仪式。比赛场地不是在足球场，而是在荷兰最漂亮的剧院之一。纺织科技公司皇家天佳集团铺设了一块25平方米的人造草坪，这样比赛就可以在阿姆斯特丹音乐厅的大礼堂进行了。400名宾客在音乐厅的乐池就座，荷兰歌剧团作为“球迷”，在阿隆告别赛过程中营造出了最佳氛围。

首场比赛由我执教过的1987年阿贾克斯队对阵里努斯·米歇尔斯统帅的1988年欧洲杯冠军荷兰队，接着由拉齐奥迎战国际米兰，最后是路易斯·范加尔率领阿贾克斯队同黑领结队交锋。黑领结队身穿黑衬衫，打着领结，这也是我们的创意，因为对罗纳尔多、克拉伦斯·西多夫、帕特里克·克鲁伊维特等极为特殊的球员来说，这是最完美的比赛服装。阿隆希望自己结束职业生涯时能给社会留下礼物，因此我们决定以温特舞会来开启我基金会的全新项目：克鲁伊夫球场。阿姆斯特丹音乐厅的人工草坪正好成为第一块克鲁伊夫球场，移至阿隆的家乡莱利斯塔德。

温特舞会之夜精彩纷呈，每名球员都是走红地毯登场，裁判则身穿燕尾服，引得全世界媒体争相报道。美国有线电视新闻网CNN进行了实况转播，《国际先驱论坛报》甚至为此专门撰文。当然，除了美好的记忆之外，这些节日般的夜晚也促成了很多重要的事情。六人制比赛播撒下了启动克鲁伊夫球场项目的种子，阿贾克斯的纪念赛以及“世纪之战”使得克鲁伊夫基金会声名鹊起，第一块克鲁伊夫球场的建立，则在一定程度上归功于温特舞会。今天，你可以看到这些球场遍布世界各地。尽管不再征战球场，但我依然奔忙于各类事务，得到更多的收获。就是如此简单。

我同俱乐部董事会的相处却没那么愉快。就我而言，即使他们剥夺了我的执教资格，将我排挤出去，我也总是以德报怨。这么说吧：你同俱乐部的关系有时也会不错。这在很大程度上取决于董事会成员是谁，比如我同前阿贾克斯主席米歇尔·范普拉格以及前巴塞罗那主席霍安·拉波尔塔都交情很深。1999年，阿贾克斯邀请我担任俱乐部荣誉成员。通常说来，这种角色的人有两种做法：要么只是挂着这一头衔，保留荣誉虚职，要么尽力利用这个身份，帮俱乐部做点实事。但是，当意识到俱乐部其他人并不在意你能做什么时，你最终的选择就是老老实实地当个虚职。

那段时间，阿贾克斯董事会让我深受打击 —— 先是在任命科·阿德里安塞为主教练的问题上，其后是路易斯·范加尔出任技术总监的问题上。这两次都有人找我，表面上要我提出建议，但后来我发现，其实一切早已拍板定案，他们咨询我只是做做样子罢了。

2000年，俱乐部在物色合适的主教练人选时征求我的建议，我提出的是弗兰克·里杰卡尔德。弗兰克执教荷兰国家队时表现优异，他本应率队获得那年欧洲杯的冠军。在同意大利队的半决赛中，我们在常规时间内罚丢了两记点球，点球大战中又接连失手，最终遗憾地被淘汰出局。不过，荷兰队的打法让人赏心悦目，因此我的选择是里杰卡尔德。

我事后了解到，在找我探讨前的几周，俱乐部就已经同科·阿德里安塞达成了协议。首先我要声明，我对阿德里安塞没有任何成见，但是，我能说的也只有这些了。在我对俱乐部的做法提出抗议时，管理层通过媒体发声，称阿贾克斯的利益高于其他一切。然而，阿贾克斯的利益究竟该由谁确定？如果都是这种独断专行的方式，就像我的遭遇一样的话，我对如此“利益”没多大兴趣。3年后，在遴选俱乐部新技术总监之时，相同的一幕再次上演。罗纳德·科曼在主教练位置上干得相当不错，但后来，董事会问我再安排一个技术总监怎么样，还有我认为谁能胜任。

在那次谈话中，经理阿里·范艾登和主席约翰·雅克问了我三遍是否反对任命路易斯·范加尔，我每一遍的回答都是：这不是我支持还是反对范加尔的问题，而是阿贾克斯最需要什么类型的技术总监，因此我不认为范加尔是最合适的人选。为了使自己的观点更清晰，我列举了各种各样的事例。但话说回来，假如俱乐部早已决定了要用谁，然后又来征询我的意见，当然就是装模作样了。

范加尔最终走马上任，据他自己透露，在俱乐部找我商量前的几个月，他便已被选定。是可忍，孰不可忍。此前为明确自己态度，我曾举过一些例证，对此范加尔甚至表示认同其中一部分。那么问题来了，管理层为什么要玩这种把戏？为什么我突然成了顾问？为什么在人选早已敲定的情况下，还要我考虑技术总监存在的价值？

得知自己被征求意见之前，选择范加尔一事已在俱乐部各个层面进行过商讨，我彻底被激怒了。那些唯领导马首是瞻的人首先被搬出来，之后才轮到其他人，这注定就是拿腔作势。

一个纯技术层面的决定，却由不具备相应能力的人做出，而且是打着为了阿贾克斯利益的幌子——这无疑是最糟糕的。正如“为了阿贾克斯好”，我就应该同范加尔和平共处一样。但我凭什么要这么做？是他们把我撇到了一边，一意孤行。再者说了，没有任何理由需要改变科曼的工作局面，因为他在这一位置上成绩斐然。不过，俱乐部管理层却认为科曼和他的助手路德·克罗尔、托尼·布鲁因斯·斯洛特过于孤立自己，也就意味着董事会无法全面掌握球队内部情况。基于我在巴塞罗那同努涅斯相处的经历，我对教练团队深表同情，他们也遇上了一个试图插手更衣室事务的主席。

在科曼治下，阿贾克斯队2002年成为联赛和荷兰杯双料冠军，2003年闯入了欧冠联赛八强。然而通过任命范加尔，董事会希望能更多地掌控科曼。这跟我在1987年欧洲优胜者杯夺冠后的遭遇如出一辙，一些好东西自上而下遭到了破坏。果不其然，没出一年的时间，乱子果然来了。范加尔和科曼先后黯然离职，两人都成了董事会游戏的牺牲品。想出这个游戏的人同阿贾克斯的关联持续至今，但依我看，他们绝非阿贾克斯人。我热爱伴我成长的俱乐部，那才是我的阿贾克斯。所以，我一走进球队餐厅，所有的麻烦和挫折都会离我而去。每次去那里，我都预先知道一切都会好起来。那对我来说依然意义非凡，其他的都不以为意了。

我在巴塞罗那的境遇同样如此，在那里，董事会成员成为加泰罗尼亚政治游戏的一部分。我始终让自己置身事外，尽管如此，特别是在佛朗哥当政时期，当他们要求我发声支持巴塞罗那而反对马德里时，我便假意附和一下，他们很看重我这样的观点。困扰我的问题在于，这些事情非我力所能及，但又身不由己。我还太过年轻，对政治毫无兴趣，也没受过什么教育，或者你怎么说都可以。直到 1974 年底，我才开始着手处理此类事情。这要感谢董事会成员阿曼德 · 卡拉文，他智慧过人，向我详尽解释了问题的来龙去脉，以及为什么会产生观点的差异。首先是加泰罗尼亚语，这是被马德里方面禁用的，而且不仅是口语，加泰罗尼亚人名同样遭禁。我之前讲过，我们当初注意到这一点，是因为给儿子取名约尔迪却不被允许。这实在让人无法接受，类似这样的事情完全超出了我们的想象。

在巴塞罗那期间，我没有允许任何人强加给我任何东西。我的言行举止还是跟在阿姆斯特丹时一样，在战后的环境里，在那里长大成人。我这代人无一例外都深受披头士的影响，他们喜欢特立独行，我在体育和足球领域亦是如此，这同加泰罗尼亚内部的氛围格格不入。我试图去了解加泰地区各种各样的立场和主张，但即使我再怎么努力，还是百思莫解。

卡拉文是第一个劝我不要放弃的人，我反复地说："但这太荒唐了。""的确如此，"卡拉文回应道，"不过我们就是在这种氛围下成长的。”后来，荷兰前基础设施和环境部大臣彼得·温斯米厄斯也说过类似的话：“你不必赞同某些观点，我也不必赞同某些观点，但有人在那里生活了20年，他就是这么长大的，他的所为正符合其成长背景。即使我们不认同，那也只是我们的想法，就是这么回事。你不能指责他们，你所能做的只有尽力去改变一些事情。”正是卡拉文和温斯米厄斯这样的人给出了鞭辟入里的解释，最终使我茅塞顿开。

这也是我如何看待加泰罗尼亚今日局势的。同40年前一样，争论的焦点在于是否要从西班牙独立出去，正反两方基本是一半对一半。换句话说，在独立的问题上，民意并不统一。这是你想要的吗？

当然，作为荷兰人，我已经习惯了那种在对立观点中建立共识的“波德模式”——总是先争吵不休，最终还是达成一致。但这在西班牙完全行不通，没有人愿意缓和矛盾，绝对没人，独立派、统一派、马德里方面谁都不想。但假如你还没有赢得多数票，你就得齐心协力争取。而当你齐心协力去争取，你也会研究对手的软肋。这就是为什么阅读政治报告是一件很有意思的事，可以看到谁最终占得了上风。

我也见识过某些党派领导人有这样的想法：“没有我的话，你们不可能结成联盟来管理国家，所以我得拿到属于我的那块蛋糕。”不过，你不能太贪婪，别想独吞一整个蛋糕。相反，你得退让一步，尽量从全民角度出发考量，要换位思考。这种情况下，在我看来，你或许会判断出对手跟你的分歧并没有多大。当然，尽管我都有所关注，但其实并未真的搞懂。

不过，有些事情却让我觉得离谱。学习多门语言是对孩子最好的教育方式，这样他们可以跟不同的人交流，有利于综合发展。但学习时间经常被认为1个小时足矣，为什么不是2个或者3个小时呢？至少在我看来，一个人掌握一门外语是极为宝贵的。在成长过程中，我经常受到这样的教育："儿子，到外面去闯闯，多学几种语言，这样你就能同任何人交流。因为在同其他人的沟通中，你可以建立起相互的理解。"

我于2009年11月成为加泰罗尼亚队主教练，对我而言，那不是一个带有政治目的的任命，但最终，这还是没能避免。事实上，这中间牵涉很多问题。它首先就不应该是一个正式职位，这只是A队和B队之间的一场比赛，而我是其中一队的教练。但在实际中，其他东西还是被掺杂进来，随着政客们对我们球队越来越关注，一切都跟政治挂上了钩。我真的地认为不应如此，地区间的分歧才应该是被重点思考的问题。当然，加泰罗尼亚的民族自豪感得到了增强，这自然很好，一点毛病都没有，但是，你永远不能抛弃它的体育属性。球场内坐满了加泰罗尼亚人，但他们来的目的不能只是为了展示旗帜，同样也应该是为足球而来。

只要队中有高水平球员，加泰罗尼亚队的实力就有保证。假如缺少好球员，球队各方面的影响力就会直线下滑。所以说，只有竞技层面成功，政治层面的重要性才会显现出来。这依赖于多重因素，仅以球员为例：他们在各自俱乐部征战，正处联赛中期，这些球员首要考虑的不是政治。他们或许也会关注政治，但在比赛日，他们要做的是尽量避免受伤。因此，围绕比赛的固然有政治因素或是其他什么东西，但球员们真正关心的只有这些问题：我如何对待这场比赛，我怎样才能取胜，我怎么才能不受伤。这同样也是我作为教练思考的问题。赛前会有大量关于民族尊严的宣传，但如果有人在比赛中骨折或扭伤了，你遇到的才是真正的麻烦。

我对加泰罗尼亚人的努力深感同情，但我首先是个荷兰人，这依旧如此。在正常的约束条件下，我想说什么就说什么，想做什么就做什么，而不是躲在后面隐忍不发。我头脑还算比较清楚，当事情发生时，我不是从加泰罗尼亚人或荷兰人的角度发表看法，而是从自己的立场出发。自由之思想，这是每个荷兰公民与生俱来的权利。这当然是一个非常重要的前提，你可以放飞自己的思想，即使说了什么出格的话，你也不必担心会有什么后果。这样的心态让我同许多俱乐部主管产生龃龉，也导致我丢掉了在阿贾克斯和巴塞罗那的工作，但两位主事人日后不得不正视自己的谬误——他们再次致使各自的俱乐部陷入危机。

从这一点来说，巴塞罗那应该特别感谢霍安·拉波尔塔。他2003年成为巴萨主席，当阿贾克斯俱乐部管理层希望我出任顾问时，他对此事的态度十分坦诚。我同拉波尔塔的交流总是开诚布公，最早在主教练和技术总监的人选问题上，他就征询过我的意见。在弗兰克·里杰卡尔德和特希基·贝吉里斯坦走马上任之后，他们把巴塞罗那俱乐部带到了顶峰。另外，还有大批退役球员被聘为了顾问。对于这一决定，无须任何委员会给出建议或是复议，这就意味着一切都能高效运转，我同拉波尔塔也不设置障碍。

巴塞罗那俱乐部至今仍受益其中。

9

『梦二队』的成功

我是阿贾克斯的孩子，继而又同巴塞罗那结缘。这就是为什么过去10年间，两家俱乐部的重建我都参与其中。去巴塞罗那是应邀前往，到阿贾克斯则是顺理成章。巴塞罗那3年后即见成效，但阿贾克斯却始终没有，因为他们并非100%地支持这一重建。缺少全身心的投入，自然就不会有收获，这同样是个厚积薄发的问题。两者最大的区别在于，阿贾克斯俱乐部是上市公司，他们的股票要在股票市场进行交易，而巴塞罗那俱乐部的掌控权在个人手中。在阿姆斯特丹，你要同董事会主席、董事们周旋，在巴塞罗那，你面对的则是主席，这样沟通起来就更直接有效，无须对股东负责。阿贾克斯的体制流程烦冗，也就需要消耗更多的时间成本。

在巴塞罗那的种种努力最终缔造出了“梦二队”，值得一提的是，这一切都始于一名曾与我发生冲突的球员，那也是我第一次跟球员起冲突。弗兰克·里杰卡尔德1987年离开阿贾克斯时闹得大家都不愉快，但自此之后，我同他的关系反而愈发密切。我认为是时间修复了彼此间的关系，最终达成和解，这就意味着你可以迈进人生新阶段了。

这么说吧，我俩都从中汲取了教训。我们发生争吵，是因为各自的出发点不同，他是球员，而我是教练。各走各路之后，我们都发展得不错，弗兰克无论是做球员还是教练都有所成就。正因如此，我很乐意向霍安·拉波尔塔举荐他为巴萨主帅。这不仅是由于我对弗兰克的赏识，还在于我知道他能做成什么。

再清楚不过的是，到了巴塞罗那这样的级别，不管是俱乐部还是具体做事的人，也不管做的是什么工作，都不会有也得不到试错的机会。因此，思考巴塞罗那的现状时，我颇费了一番脑筋：俱乐部急需什么？新教练当务之急是什么？弗兰克符合所有标准。他的形象、谈吐俱佳，最重要的是他参加过顶级赛事，这是无可争辩的足球优势。他还具备不俗的个人魅力，有一位出色的助手亨克·滕卡特。亨克是另一位让我抱有极大兴趣关注的教练，因为不管他去哪儿，哪儿总能出成绩，我觉得这挺神的。他同弗兰克两人相得益彰。

不过，巴萨最大的优势在于，身为主席的拉波尔塔总是将球员推向前台，足球层面的决定交由球员来做。拉波尔塔2003年至2010年出任巴萨主席，在位期间，他实际上经常打破常规。他不是那种宣称“我是主席，我说了才算”的人，相反，他跟我们表达得很明确：“这里出问题了，咱们坐下来好好商量如何解决。”所以说，拉波尔塔跟我们心往一处想，他在这方面做得相当出色。而且，他推动了“梦二队”的创建过程，取得了一系列辉煌成就。

在我提议弗兰克·里杰卡尔德和特希基·贝吉里斯坦分别出任主教练和技术总监之后，拉波尔塔当机立断，事情很快就得到了解决。我常诧异于人们评判教练的方式，以及做出这种评判的人是谁。正因如此，你才会经常看到俱乐部在选帅过程中犯下的严重失误。决策由董事或经理做出，但他们对于选帅时应首要考虑什么一窍不通。上文曾提过，出现类似问题，说明这些决定是基于在董事会会议室、经理办公室的面试和游说做出的。

有的人或许是个出色的青年队教练，但做一线队主教练却糟糕透顶；或者有的人可以在二流俱乐部取得成功，但一到顶级俱乐部就栽了跟头，反之亦然。一名在顶尖球队顺风顺水的教练到了小球队也可能玩不转，正如并非每位主教练都必然能成为称职的技术总监一样。我想说的是，在教练领域，要想把合适的人放到合适的位置，需要对人类心理有透彻的理解。因此，当目睹很多俱乐部都疲于应付这类麻烦时，我常为此感到困惑。错误的选择会带来巨大的影响，它所造成的破坏性能持续多年。

不同岗位对素质的要求也不尽相同。青年队教练必须具备培养人才的能力，但在育人过程中，最大的危险是青训教练只是改掉小球员的旧习惯，而不是挖掘其新的天赋。举个例子，如果有人带球过多，不要强制他不许再带球，相反，你让他去单挑一个大块头的对手。假如遭到完爆，他很快就会长记性，知道自己要把球传出去。当然，对于刚进入青春期的男孩子，要同十六七岁即将迈入一线队的年轻人区别对待，你不能简单地只是安排个青训教练了事。

同理，你也不能随便任命主教练，这个教练必须同俱乐部高度契合。俱乐部的水平是顶级、中游还是垫底，通常需要三种类型截然不同的教练。这不仅是因为球员能力差别巨大，你所面临的挑战层级也有着天壤之别。再说一遍，技术总监必须找到并严守那条贯穿俱乐部历史传统的主线，要充当董事会和球队之间沟通的管道。假如技术总监无视此主线，孤行己见，对一个机构来说绝对是致命的。

正因如此，当我看到俱乐部乱点鸳鸯谱时，我总是异常恼火。

接下来的麻烦在于，为了避免自己看上去像个白痴，决策者们便长时间撒手不再过问。当原先的决定终于被废除，往往为时已晚，只得由俱乐部来收拾残局。

即使在里杰卡尔德开局不顺的情况下，巴塞罗那也没有乱了阵脚。这并不奇怪，我也没觉得有多出乎意料。假如你要彻底改变什么，几周内就想完成是绝不可能的。当然，在那个阶段，我同他也保持着联系。这再正常不过了，困难之时朋友间肯定会尽力互相帮助。但在这件事上需要特别明确的一点是：从我这方面来说，不存在干预技战术的问题。尽管起步艰难，但弗兰克很好地掌控着局面。他在阿贾克斯的比赛体系中成长，再加上效力 AC 米兰期间所学，他执教时可以加入自己的领悟，并且带来了丰富的经验。在我看来，他是我见过的最佳全能型球员之一，进可攻退可守，中场组织能力也不错。他集这一切优点于一身，同时还具备过硬的心理素质和高度的智慧。他有时还会致电给我，听取我的建议，这更加凸显了他的专业素养。

那也是拉波尔塔治下典型的巴塞罗那。由于俱乐部里里外外都离不开政治，巴塞罗那就像一座沸腾的火山。霍安做了很多卓有成效的工作，把控住了所有的政治问题，确保教练和球员不受其影响，以便将全部精力投入球队的重建。

看看这么做的好处吧。几个月之内，成效便显现出来，公众对此也深信不疑，成绩随之而来。至为关键的是，一个以巴塞罗那为典范的足球根基再次建立起来。最重要的一点在于，困难时期一定要同心合力。忠诚也是必不可少的，尤其是像阿贾克斯和巴塞罗那这样的俱乐部。困难时期如此，事情进展顺利时同样如此。

2003/2004 赛季，即里杰卡尔德执教的第一个赛季开始大概 4

个月后，有关我干预球队的指责甚嚣尘上，称我时不时就去更衣室，并且给俱乐部提供了大量建议。事实上，自弗兰克上任之后，我仅去过诺坎普两次，比赛时从未进入过更衣室。准确地说，我只同技术总监有过一次交流，而且我们没有谈论球员，也没有涉及转会话题。尽管如此，媒体依然唯恐天下不乱，而且不仅是报纸一通胡写，电台和电视台节目还煞有介事地展开了一番讨论。他们每回都是这些套路，没什么新创意。事实上，在里杰卡尔德的调教下，球队踢得越来越好，可他们根本不管这些。

事情的真相远不及媒体编造的精彩。球队教练和俱乐部主席跟我都是好朋友，他们如果遇上什么棘手的事，有时会征求我的意见。就这么简单。但部分加泰罗尼亚媒体却认为这大错特错，对俱乐部不利，而我所指出的问题都跟足球无关，纯是为了博人眼球。于是这些人企图离间我们，但没关系，这是巴塞罗那俱乐部必不可少的一部分，对付它的诀窍就是所有相关人员都保持清醒的头脑。拉波尔塔在这方面做出了很好的榜样，确保了俱乐部内部的稳定。

在里杰卡尔德上任的最初阶段，当事情的进展极其不顺的时候，拉波尔塔未来的继任者却成了薄弱环节，这让人大跌眼镜。拉波尔塔拉来桑德罗·罗塞尔当副主席，但这对搭档很快闹掰，原因是罗塞尔仅仅几个月后便想拿掉里杰卡尔德。任耐克公司南美区经理时，罗塞尔曾在巴西待过，在那里同时任巴西国家队主教练路易斯·菲利佩·斯科拉里建立了密切的关系，他希望把斯科拉里带到巴塞罗那。

巴塞罗那内部有小部分人决意把俱乐部带往新的方向，罗塞尔是其中之一，为了达到自己的目的，他们需要另一种类型的教练和技术指导。里杰卡尔德的确处境不佳，既然已经做出了明确的选择，你就必须坚定地走下去。当成功没能马上降临，罗塞尔只过了几个月就想改弦易辙，更换全新特点的教练，从而追求另一种风格的足球。在球队终于走出困境之后，他自然就成了孤家寡人。当需要得到高层的支持时，里杰卡尔德永远也忘不了罗塞尔是怎么对他的。整个过程中，罗塞尔就是一个干扰台，两年之后，他灰头土脸地败下阵来离职而去。

5年中，弗兰克、亨克·滕卡特及后来的约翰·内斯肯斯干得相当出色。2006年，他们继“梦一队”之后时隔14年再次夺得欧洲冠军杯，不仅如此，球队的风格也得以进一步完善。佩普·瓜迪奥拉2008年从弗兰克手中接过教鞭之后，他继续走的也是这一路线。2007年，佩普拿到了教练资格证，很快便被任命为巴塞罗那B队主教练。巴塞罗那队又一次证明了漂亮足球和胜利是可以兼得的。如此华丽的成功所带来的影响尤其深远，因为无数足球爱好者想要的就是在享受比赛过程的同时能够赢球，他们希望欣赏到体育带来的美感。弗兰克和佩普实现了这一目标，并且给巴塞罗那留下了可以想见的最美丽的遗产。

2010年3月，我目睹了这一切。我突然接到一个来自巴塞罗那的电话，电话那头说我被一致推举为俱乐部名誉主席。这样的事情发生时，你自然想知道其中的缘由。究其原因，似乎跟我影响并改变了巴塞罗那及西班牙的足球有关。做球员特别是做教练之时，我为巴萨引入了另一种风格的足球，它后来又延展到了西班牙国家队。得此褒奖，你不只是听了高兴，更会让你感到自豪。拉波尔塔管理巴塞罗那的方式也起了很大作用，管理层总是让我觉得自己的意见得到了认真的考虑，哪怕他们并未不假思索地采纳。这是绝对的明智之举，我最不希望看到的就是我的建议被照单全收。

我们以成人的方式彼此以诚相待，这就是为什么当他们想找我聊聊时——不管是对新教练的看法，还是要把球衣胸前广告免费给联合国儿童基金会，我总是乐于出面相助，尤其是后者引发了不少争议，但我认为这是个绝好的方案，这样的做法颇具风范，这正是巴塞罗那这样的俱乐部应该做的义举。同样的理念也运用到了弗兰克和佩普一前一后两位主教练的任命上，两人是我执教阿贾克斯和巴塞罗那时合作过的球员。当拉波尔塔问我为什么要签他们时，我的答复是，他们不仅清楚哪种风格的足球适合巴萨，还能展现出一种冷静睿智的执教形象。

我想表达的意思再清楚不过了。瓜迪奥拉不仅是一名冠军教练，更重要的是他获胜的方式，他所运用的华丽的方式。同里杰卡尔德一样，他是年轻人的伟大榜样，总能给他执教的俱乐部带来极其积极的影响。

拉波尔塔主政期间，我在巴塞罗那感觉很舒适自在。在他当选主席之前，我便同他建立了良好的关系，而两位主帅里杰卡尔德和瓜迪奥拉以及技术总监都曾在我手下踢过球，他们都是伴随巴塞罗那一起成长的人。这在合同谈判中就体现得很明显，瓜迪奥拉签约时的年薪相对来说并不高，在率队拿了一些冠军后，他挣得也仅比之前多了一点。但瓜迪奥拉心甘情愿这么做，这表明他首先是一个巴萨人，然后才是教练。顺便说一下，我是在阿贾克斯熟悉的这一原则，我在阿姆斯特丹“低工资高赢球奖金”的制度下成长，这样的话，俱乐部就不必支出还没赚到的钱，你个人也可以保持自己的财务健康。

得知巴塞罗那俱乐部也实行这一制度实在太棒了。巴萨自己制定政策理所应当，但俱乐部同样给我一种感觉，那就是他们对我的建议很重视。所以说，我不仅同巴塞罗那同休共戚，更觉得这是我的责任。瓜迪奥拉所表现出的态度也是不言而喻的。俱乐部的利益至高无上，只要俱乐部一切顺利，其他什么都在其次。出任这样一个机构的名誉主席感觉真好。

然而好景不长。在我成为名誉主席几个月后，霍安·拉波尔塔任期届满，俱乐部会员选举桑德罗·罗塞尔成为继任者，这使得俱乐部政治卷土重来。2010 年 7 月，在他就任后仅仅几周，我被迫辞去了名誉主席之职。我从报纸上获知，在俱乐部新董事会的第一次会议上，我的职位被列为一项议题，这立刻引起了我的警觉。随后我听闻新主席劝说俱乐部采纳法律顾问的建议，重新考量对我的任命是否符合俱乐部章程，我当机立断决定主动请辞。

有一种说法称，新主席要徇私报复上一届董事会成员，巴萨内部的政治焰火突然间被重新引燃。智谋过人如瓜迪奥拉，对此也束手无策。尽管好成绩接踵而至，但两年后他还是离开了巴塞罗那，我对他的决定并不感到意外。幸运的是，瓜迪奥拉的理念彼时已深深地根植于巴萨，接下来的几年有望继续发挥作用，他的战术体系已然成为巴塞罗那俱乐部哲学的重要部分。

那正是 1988 年我初掌巴塞罗那教鞭时筹划要做的事。当时的巴萨身为豪门，财大气粗，但就是拿不了冠军，踢得也毫无生气。很高兴看到接力棒在每个人手中顺利交接，首先从我传给里杰卡尔德，接着从弗兰克传给佩普。瓜迪奥拉接棒后用一种绝妙的方式，用其独有的方式继续前行。这样的思想体系将巴塞罗那变成了一所学院，一家代表着独一无二的足球哲学的俱乐部。

10

俱乐部政治

当然，要是阿贾克斯能跟巴塞罗那走同样的发展道路就好了，而且在足球哲学方面，阿贾克斯队还占有早推行几年的优势，这要感谢我的老教练雅尼·范德费恩和里努斯·米歇尔斯，他们给俱乐部带来了技战术发展和专业素养的完美结合。虽说担任阿贾克斯顾问期间，我曾不止一次遭到粗鲁对待，但在 2008 年，我还是同意帮俱乐部重建青训体系。马尔科·范巴斯滕被任命为一线队主教练，但在到任之后，他却无法按照自己的设想开展工作。

他面临的最大问题在于：根据规划，他首先换掉了多名教练，但这样的做法引来了不满。还有人传马尔科跟我关系紧张，原因是我们在训练方式上观点有分歧，但这在当时并非如此。尽管 2 月便达成了协议，但马尔科只能在夏天的欧洲杯结束后才能正式入主阿贾克斯。从现实以及情理两方面考虑，我想在 4 月 1 日前把事情解决，因为被质疑的教练理应知晓事情原委，只有这样才算公平，而且能让他们有充足的时间寻找下家。同时，阿贾克斯队也可以找来合适的人选，继续提升俱乐部的哲学，完善我认为我们应该踢出的足球风格。假如 4 月到来前这些没能完成，根据规定，下赛季你只能继续使用这些教练，宝贵的时间被白白浪费了。马尔科却认为这样太过仓促，他不同意我提出的聘用新教练的最佳行动方案，在说服不了他的情况下，我只能选择退出。我对此当然倍感失望，但如果说我们的关系因而一刀两断的话，就显得太没涵养了。

从此以后，我参与阿贾克斯事务的热情一落千丈。我以前隔几个月就会造访阿贾克斯的青训基地——托克姆斯特运动园区，通常是观看预备队或19岁以下A1梯队的比赛，或者观摩训练课。比赛和训练的前后，我会在餐厅跟球员们聊聊天。过去，我们经常谈论“到后面去”，指的是到福尔兰德运动园区，它位于德米尔球场的后面，不过是几块场地和一个食堂，各梯队都在这里训练、比赛。它实在是太小了，俱乐部从德米尔球场搬迁至阿姆斯特丹竞技场时，把青训基地一起都搬走了。如今，“后面”指的是托克姆斯特，尽管离主体育场几公里远，但差不多算是在后面。在那里，我常遇到跟我一起在阿贾克斯成长的人，在我看来，这些人就是阿贾克斯，他们珍视阿贾克斯精神，即我做球员和教练时铭记的精神。

我们坐在一起，一如过去在福尔兰德，足球始终是讨论的中心话题，谈到如何改进阿贾克斯的现状，有时还会有激烈的争论。大概是在这个时候，球员和工作人员开始流露出对俱乐部的隐忧，越来越多的“阿贾克斯理念”被丢弃。我们上次跻身欧洲顶尖豪门之列距今已十年有余，尽管球队的主场上座率稳定在5万人左右，但我们当中没人理解俱乐部内一些人的做法，他们为何会轻易将自己同俱乐部构建的核心价值观割裂开来。

到了2008年，我对国家队教练组越来越恼火，他们嘴上坚称荷兰的阵地战法和技术水平都棒极了，但事实上，国家队踢得一团糟，毫无想象力。有些荷兰球员的技术平淡无奇，却能在顶级比赛中占据一席之地，他们给不出球迷想要的东西。目睹此幕，我的眼中有时会情不自禁地噙满泪水。不光是球员，教练们也难辞其咎。阵形在他们手中越来越玩不转了，其实再简单不过：当本方控球时，你要充分利用场地宽度，当丢了球权，你再压缩球场面积。这是你儿时就能学到的基础理论，按理说球员们从小就该很熟悉，但假如队中都是在训练中没学过这一理论的球员，问题就来了。于是，你会看到后卫们丢球后回头朝自己的球门跑，而不是往前逼给对方拿球队员制造压力。这很可能给全队带来麻烦：如果后卫回撤太快，中场就会陷入混乱，最终导致前锋孤立无援。这样的错误判断让球队失去平衡，整个队形土崩瓦解。我在阿贾克斯和荷兰国家队都见过这种踢法，实在让人看不下去。我们在托克姆斯特花了大量时间争辩这些问题，谋划最佳方案来弥补我们挚爱的运动所受的伤害。

以我之见，问题的根本在于阿贾克斯的训练方法，因为早先在米歇尔斯执教阿贾克斯时，荷兰国家队都是从阿贾克斯的训练场汲取训练和比赛的灵感。如今，俱乐部却认定了一种既丑陋又落伍的特定理论，国家队也按这一套训练，根本不注重提高个人能力。在训练中，有太多时间花在了基于俱乐部理论的分组练习上，却很少强调一对一训练来打磨某项技术。除此之外，我小时候踢的那种街头足球日渐衰退，这意味着一名年轻球员每周用于锤炼基本功的时间比以前少了10小时，用不了几年，巨大的差距就会显现出来。结果就是，天才球员变得越来越珍稀，这给比赛的观赏性造成了极为负面的影响。

缺乏量身定制的训练让球员们深受其害，这种现象除了阿贾克斯，其他俱乐部也有，这就解释了为什么一旦既定战术被打乱，需要依靠个人能力时，很多荷兰球员在场上就会变得不知所措。你不仅在一线队能看到这种情况，青年队也一样，只不过青年队的比赛节奏相对慢一些，所以问题暴露得没那么快。但最高级别的比赛就是另一码事了，当自己的弱点被对手发现，很多球员根本不知道该如何应对，这样的球员你一眼就能找出来。无论是阿贾克斯还是荷兰国家队，都已有很长时间远离欧洲足球之巅，这是其中原因之一。作为球迷，你站在那里目瞪口呆，眼睁睁地看着职业球员三招两式之后就丧失了战力。比赛中讲求团队精神是一方面，但假如你不同时注重球员的个人能力，这逃不过球迷的眼睛。俱乐部非但没有让球员沉下心练基本功，还根本不承认问题的存在，这让我和阿贾克斯之间产生了嫌隙。要知道，我从10岁甚至更早的时间起就是这家俱乐部的一部分，你能想象得到，这让我很受伤。

在阿贾克斯，不重视练个人技术已经有些年头了，我认为大概是在2000年左右，此后几年每况愈下。到了2008年，好看的足球已经荡然无存，教练之间矛盾重重，有位经纪人甚至一度在托克姆斯特拥有一间自己的办公室，他在里面可以游说13岁、14岁或15岁的球员跟他签约。不过直到2010年9月，炸弹才终于被引爆。

上个赛季，阿贾克斯获得荷甲联赛亚军，从而拿到了欧冠联赛入场券，跟皇家马德里队分在同一小组。同所有球迷一样，我很期待两队之间的碰面。皇家马德里同阿贾克斯的比赛属于经典对阵，享有很高的历史地位。不仅是我期盼着我们做客西班牙的比赛，整个足球世界都是，但在那个夜晚，我却目睹了有史以来最烂的阿贾克斯队。最终比分虽是0比2，不过它分分钟有可能是0比12。在《电讯报》的每周专栏上，我悲愤发声：

这已不再是阿贾克斯

上周，我看阿贾克斯踢了一支弱队（威廉二世）和一支强队（皇家马德里），直截了当地说吧，这支阿贾克斯队甚至比1965年里努斯·米歇尔斯接手之前的那支队还要差。

两年半前，科罗内尔主席的报告出炉，对未来做出了各种结论和建议。其中涉及财政、训练、球探、买人，涉及足球，通篇看下来，你会觉得心潮澎湃。然而，阿贾克斯同威廉二世、皇家马德里队比赛的表现却表明，它已经完全背离了俱乐部始终坚持的标准。

在赛前造势中，皇家马德里VS阿贾克斯仍被宣传为两家历史深厚的俱乐部之间进行的独一无二的比赛，两队各自的打法使得世界足坛风格多样。然而，阿贾克斯队却写下了俱乐部历史上的奇耻大辱。终场哨响，所有人都为比分“只有”0比2而高兴，因为它原本可能是0比8或0比9。赛后，很多人拿青年军输给了成人队做借口，那都是无稽之谈，事实上两队绝对没有年龄差距。阿贾克斯队的能力和态度都达不到要求。

我得老实承认自己倍感悲凉，因为这已经不再是阿贾克斯了。这支队的球员相互之间传递都超不过3次了，在马德里，他们只有一脚射门没有偏出。其中有6名球员是阿贾克斯培养出来的，他们基本上都无可救药了。

所以，即使阿贾克斯队在荷甲中依然名列前茅，我都觉得没多大意义，我不会看走眼的。与此同时，俱乐部总经理里克·范登博格宣称球队训练质量很高，他们买了3名前锋，但都是同一种类型的，队里根本没有边锋人选。正如距离主席乌里·科罗内尔发布报告已经过去两年半，但他推行的政策没有给任何领域带来改观。我两年半前就做出了这样的论断：阿贾克斯需要来一次大扫除。我个人当时想给青训体系做出彻底的变化，但最终，我指望的人没能将之付诸实施。由此造成的后果就是你们今天所见。

还有个事实是，阿贾克斯俱乐部如今已演变成为一个庞大的“第五纵队”。会员委员会首当其冲，你原以为它应该会网罗俱乐部各个领域的专家，但现在，混迹其中的大都是利益勾结的熟人和朋友。反过来，董事会的人员构成来自会员委员会，在监事会中，来自会员委员会的人也占大多数，而董事最终是由监事会负责任命的。

所以说，从会员委员会到管理层，很多人是一条船上的利益共同体，俱乐部则越陷越深。这些人都中饱私囊，因此，从俱乐部的利益出发，他们都应该走人。然后俱乐部需要从头开始，就跟1965年时一样。当时的阿贾克斯做出了两个有史以来的最佳决定：任命里努斯·米歇尔斯为主教练，而雅尼·范德费恩主要负责训练和球探工作。这两人成长在阿贾克斯，深知俱乐部的意义所在，也很清楚如何才能将阿贾克斯重新变为阿贾克斯。现如今，他们倾其一生所做的努力已挥霍殆尽，对于像我这样的阿贾克斯死忠而言，真的是伤透了心。

我知道自己这样的大声疾呼会带来严重后果，之后在我同阿贾克斯交往过程中发生的一切，都可归因于那场赛后我的反应，但我不后悔那样说——是时候有人站出来说些什么了，收拾一下阿贾克斯队现在的烂摊子。后来又有说法称我这么做是企图篡权，属于未遂政变，这完全是胡说八道。它跟争权夺利半毛钱关系都没有，我愤怒于20世纪60年代米歇尔斯上任后苦心经营起来的遗产，如今却被我的俱乐部一点一点抛弃，这才是我的出发点。那场失利激起了我内心巨大的冲动，但说实话，它带来的影响确实让我始料未及。

我已经数不清有多少人看过那场比赛之后都跟我联系，大家的观感如出一辙。他们中有很多前阿贾克斯球员，于是我决定用自己的专栏发出呼吁——把这股力量聚集起来，尽力拨乱反正。这给人一种感觉是我想分裂阿贾克斯，他们没明白，这不是要分裂俱乐部，恰恰相反，是要修复它。我之所以采取行动，是因为我已经认不出我的阿贾克斯了。不仅是场上，场下也一样，它已不再是一个充满温情的俱乐部，而是充斥着对立和斗争。

当然，没人告诉我问题解决起来有多复杂，我是后来发现的。从本质上来说，实际上并没有多难。如果你看到是谁在代表俱乐部，你会立即发现那里足球知识的匮乏。无论是监事会、董事会、会员委员会还是俱乐部管理层，里面没有一个前一线队的队员。一个都没有！阿贾克斯队踢不出漂亮足球毫不奇怪，因为俱乐部过去是以技战术为基础构建的，而现在的管理者对此一窍不通。正因如此，我号召所有阿贾克斯死忠迅速集中力量，推举候选人参加会员委员会的换届选举。选举时间是2010年12月14日，新的候选人需在11月30日前获得提名，竞逐24个席位中的8席。这是通过民主途径迈出重要第一步的机会，马克·奥维马斯、林球立、埃多·奥普霍夫、彼得·博耶夫、凯耶·莫勒纳尔等人顺利当选。我特意提到这几个名字，就是要证明并非所有的足球运动员都像有些人想得那么笨。

比如奥维马斯，他曾效力过阿贾克斯、阿森纳和巴塞罗那，退役后加入身处荷乙联赛的前进之鹰俱乐部，根据荷兰足协的统计报告，前进之鹰是三家财政最健康的职业俱乐部之一，奥维马斯对此功不可没。林球立也是一样，他按照“老阿贾克斯”模式，对斯洛伐克的特伦钦俱乐部进行了彻底重组。奥普霍夫、博耶夫和莫勒纳尔同样业绩出色，我还可以列举其他很多人的名字，重要的是，这些人无论是场上还是场下都有着丰富的经验，能帮助阿贾克斯回到正轨，将它重新带到欧洲足球之巅。

我关心的不仅是让球员进入俱乐部管理层，还要使退役球员和金融、市场、公关等领域的专家之间建立起更好的关系。在让球员跻身阿贾克斯管理层后，这是下一步要做的事，因为现实情况是，监事会成员和管理者都没有显赫的足球背景，但谁出任教练或技术总监的决定权却在他们手中。那种情况下，董事们应该向会员委员会寻求建议，然而会员委员会里的人也对顶级足球一无所知。因此，首先要将更多“足球”元素注入会员委员会，同俱乐部其他部门融合起来。这意味着每当委员会有位置空出来，我们就要看能否找到在此特定领域具有专项能力的退役球员。假如没有这样的人的话，再去寻找这方面的专家。我不在意人们震惊于我对阿贾克斯的批评。作为一名顶尖体育人，我对于批评早已是见怪不怪了，因为批评能让你变得更好。这在顶级体育中屡屡奏效，所以它也一定适用于顶级俱乐部。

凑巧的是，在我们实施这些变革举措之时，阿贾克斯退役球员协会“好运阿贾克斯”也举行了一个会议，这让我有机会十分有效地同每个人交流。最让人欣慰的是，退役球员中从名气最大的到知名度一般的，所有人都跃跃欲试，最终有 7 人被选进了会员委员会。然而，这仅是冰山一角，我们还要充分利用阿贾克斯可以调配的一切专业人才，我指的是三十多岁、四十多岁、五十多岁和六十多岁的四代球员，他们都想尽己所能帮助自己的老东家。这些退役球员中的一些人可以建立一个小组，在管理层和董事会需要做决策时给予他们支持。但首先，为了做出正确决策，阿贾克斯里里外外每件事都必须经过透彻分析。我们忙着探讨未来，在幕后做着各种努力，确保每个人都将注意力放到足球上，因为最终还是要看场上 11 人的表现。

我的文章引发了关于如何彻底革新俱乐部管理层的大讨论，这也有赖于所有前阿贾克斯球员的共同努力。当然，我被视作领袖，在球队中总能保证把最合适的人放到最合适的位置，这是我整个职业生涯都扮演的角色。我的理念是，假如一名球员在右边锋位置发挥不出自己的水平，他可能成为出色的右后卫。不仅是我，整支球队都从中受益，人们把我看作领袖再自然不过了，这也意味着我深度参与了重组阿贾克斯管理层的进程。在会员委员会的竞选中，我们的提案顺利通过，人们都说我是赢家，但我不这么看。这都是为了阿贾克斯，这样的结果，获益方是俱乐部。不是克鲁伊夫赢了，而是阿贾克斯赢了，这是俱乐部应该意识到的新局面，不要把焦点放到我身上。

首先，如此多的前球员愿意为阿贾克斯的未来做出贡献，俱乐部的每个人都应该为此感到骄傲。而且，这些人给管理团队的方方面面都带来了极大的提升，他们都希望能齐心协力将自己的俱乐部带到它原有的水平，这么做不是为自身考虑，而是为了阿贾克斯。董事会还应该明白，前球员将自己的足球专业知识和盘托出，不管是谁有幸轻而易举地获得，都应该加以充分利用，否则这就是对才能和见识的彻底浪费。事实上，我们并没有赢，我们做出的改变反而加剧了我同俱乐部之间的分歧。遗憾的是，当变革来临，并不是所有人都愿意接受它，俱乐部的一部分人持反对态度。在我看来，他们首先考虑的是个人利益，害怕自己被边缘化。

结果是，会员委员会选举结束没几天，俱乐部内部就有人企图分裂足球阵营。足球运动员中有一项荣誉守则：永远不要离弃曾与你共用更衣室的同事。但在俱乐部重组过程中，这同样带来了巨大的情感问题。在新的组织架构下，我们的前战友丹尼·布林德似乎没有了位置，他于1986—1999年在阿贾克斯效力13年，可以说对俱乐部了如指掌。这是一个需要每个人都深思熟虑的决定，它就像主教练不得不去告知一位忠诚的受尊重的球员，球队已经不再需要他了，原因不在于他踢得不好或做人有问题，而是你将来要往别的方向发展。做教练时，那始终都是我最难面对的时刻，因而我对俱乐部当下的处境十分熟悉。

选举过后，在阿贾克斯的新策略下，已无布林德的立足之地，我亲眼看到大家都苦苦思索如何解决这一问题。当我们被告知丹尼要被解雇时，我勃然大怒。踢后卫的布林德是我签到阿贾克斯队的，他才智过人，是球队杰出的领袖。我们试图以丹尼是俱乐部旗帜人物来做争辩，但根本无人理会。

我们接下来需要处理的是新监事会成员的任命。5名成员里有3人是阿贾克斯的新人，同俱乐部毫无直接关联，所以说，这个监事会中的大多数同样没有俱乐部背景。尽管如此，抛开俱乐部的管理错误不谈，我还是能够感觉到一种博采众长的新意愿。有人主张由我来评估技术层面的事情，将自己的发现提交给新监事会。我主要从一名足球运动员的视角观察事物，出发点在于如何组建球队。作为教练，你会选择一个特点异于自己的助手，同时还要任命精通某些领域的人，将职责分派给他们。无论是踢球还是执教时，技术范畴都是我的强项，因此，要遴选一位掌管俱乐部技术发展的人，我还是有发言权的。在我看来，同样的道理也适用于监事会。你不可能让体能教练去干预球探的工作，那么，你又怎能把投票权交给对该领域一无所知的人呢？

2011年2月11日，从阿贾克斯的利益出发，我进入监事会，成为俱乐部三大“决策集团”中的一员。在我提出俱乐部改革方案，尤其是复兴青训体系之后，2011年3月30日，阿贾克斯顾问委员会和首席执行官集体请辞。2011年6月6日，我被任命为新的顾问委员会成员，推行自己的变革计划。但从第一天起，我便有一种异样的感觉。根据规定，我必须对外面的世界保持守口如瓶。即使看到俱乐部哪里出了问题，哪怕某件事我比其他成员了解更多，哪怕某个方面如果没有按计划实施，将由我承担全部责任，如果得不到多数支持，我也被禁止公开发表任何言论。

我是应该谨守规则缄舌闭口，还是直言不讳讲出问题？怎样做才符合阿贾克斯的利益？对于监事会的规定，我越想越觉得不妥，最终还是决定按自己的原则来。这就好比法律：立法不能保护你，它的作用是对付罪犯。假如你挨了揍，有人确实会得到惩罚，但鼻青脸肿的人还是你。对我来说其实很简单——不管什么规章制度，我的俱乐部的利益高于一切。

不幸的是，我差不多刚一进入监事会，就被卷入了一场巨大的政治游戏当中。在新总经理人选上，我认为有三个候选人应该考虑：马尔科·范巴斯滕、马克·奥维马斯和林球立。他们三人都曾效力过阿贾克斯队，也是前荷兰国脚，都有在国外大球会踢球的经历，各有所长。马尔科是我的第一人选，但他并不感兴趣，因为自 2009 年辞去主教练一职之后，他还没打算回归阿贾克斯。后来，临时董事会告诉我奥维马斯和林球立也都无意于此，我信以为真便没再多说什么，直到有一次我同林球立偶然间谈及此事，才知道根本没人同他商量过。从那时起，我再次警觉起来，结果很快发现，我的怀疑是有根据的。按照林球立的说法，监事会其他成员同他初次会谈之后，他便有一种糟糕的感觉。在他看来，他们其实并不是想要总经理，而是一个单层董事会。这种模式我闻所未闻，但林球立说它是一种英式管理结构，监事会成员同时也是执行董事，领取相应的薪水。

结果证明他是对的，从此之后，情况越来越糟。作为监事会成员之一，我就林球立遭到了何种对待提出了几点质疑，但从未得到过正面回应。与此同时，媒体上关于林球立的新闻铺天盖地，各种报道把他黑了个遍。我和林球立都有种不安的感觉，认为这一切都来自跟监事会关系密切的什么人。对他的指控完全是空穴来风，但树欲静而风不止。不管是谁在向媒体散布不实消息，他们丝毫没有收手的意思，事情已经再清楚不过了，这些人意欲在自己的道路上越走越远。此外，同时在《电讯报》董事会以及阿贾克斯监事会任职的史蒂文·坦恩·哈韦强令拒发我的专栏，哪怕这有违监事会成员不得干预其他监事业务活动的原则。到了这一步，气氛已经变得极为恶劣，林球立决定不再蹚这摊浑水。还有一个原因是范巴斯滕似乎改变了主意，他告诉我他准备考虑总经理的位置。我欣喜异常，然而形势很快急转直下。

将马尔科引荐给哈韦之后，我应约前往圣安德鲁斯参加一年一度的高尔夫球锦标赛。我交代马尔科在此期间可以跟负责足球事务的相关人员探讨远景规划，但几天之后，我人还在圣安德鲁斯，就得知他已同监事会达成了协议，并且准备提交审议。在意识到马尔科并没有同任何人讨论足球事项时，我赶紧叫停。我说得很明确，涉及技术问题，采取协作方式是很有必要的，每个人都应该贡献自己的技能专长。这种事情你必须事先摆明，而不是放马后炮。假如一个人的职责主要针对技术层面，而他还没有同未来要执行他计划的人进行过接触，你怎么能和他达成协议呢？

在我前往圣安德鲁斯之前，我们同所有负责训练的人员达成一致，他们必须做出表率，不能有利益冲突或其他类似问题。从这方面来看，阿贾克斯的情况已经完全失控了。我偶然发现范巴斯滕参与创办了一个足球相关的公司，他被列为经理人选。结果马尔科把这一情况告诉了哈韦，却没有告知我。我想马尔科肯定低估了这对我的重要性，他应该知道我同监事会之间关系微妙，在这件事上，你不能做得好像你是他们阵营中的一员，而非跟我在一个战壕。最后一点有多重要，这在马尔科从中退出一周之后就显露出来了。先是在一次监事会会议上，哈韦将林球立贬得一无是处。

接下来的目标轮到我了。2011 年 11 月，在荷兰广播联盟的《周末评球》节目中，我被指控种族歧视，理由是我被认为曾对监事会同事埃德加·戴维斯发表过不当言论。你都快 65 岁了，整个世界都转遍了，竟然还会被人扣这种屎盆子。让我再解释一遍。阿贾克斯多年来一直是一家多元文化的俱乐部，但值得注意的是，大量有着移民背景天资不错的球员到了青春期前后就半途而废了。戴维斯出生于苏里南，之所以选他进入监事会，原因之一是想更好地应对这一现象。在一次激烈的讨论中，我向他阐述了他在监事会中的职责。相信我，我说这话时可能并没有多想，就跟我做球员和教练时一样，因为在高水平体育竞技中就是这样的。在面对面的对话中，你总是直言不讳地说出自己的想法，当然，我也许过于直截了当了。我的那番言论跟戴维斯的皮肤颜色没有任何关系，一切都跟他监事会成员的工作有关。然而最让人恼火的是，在电视节目电话连线监事会主席时，他证实了这个种族歧视的故事，而就在几小时前，我还跟他在会员委员会待在一起。即便在另一个房间，埃德加已经在摄像机前准备接受采访，他对我也只字未提这事。所有这些都是在我跟戴维斯产生分歧之后将近4个月发生的，尽管在此期间监事会又开过很多会，都没人提及此事。假如真有任何歧视的指控，主席都应在下次会议前把问题解决，而不是搁置4个月后再翻旧账。

荒唐事还不止这些。我每次应邀到监事会，总是被提醒不要在自己的报纸专栏里涉及阿贾克斯的政策或俱乐部内部事情。让人不解的是，在荷兰广播联盟的节目播出后，跟我定下这规矩的人又给我打电话，证实种族歧视确有其事——不管怎样，这种事不应该属于监事会内部事务吗？看到某些人距离俱乐部的基本主张已相去甚远，这实在太难以置信了。在我看来最恶劣的事情是，他们用某种特定的方式轻看那些踢过最高水平比赛的球员，像丹尼·布林德就受到过这样的待遇，所以我本该能够预料到。

经过几年的折腾，阿贾克斯耗掉了大量的财力，犯下数不清的错误，然而，这同一拨人却昧着良心仍在试图四处插手，致使我跟林球立这样的人深受其害。尽管我对这种事早已习以为常，但它比我之前经历过的所有事情都要糟糕。

又过了几天，到了2011年年末，路易斯·范加尔被任命为总经理的消息不胫而走。我对此竟毫不知情，身为监事会成员，我应该事先被告知此事。主席的答复是，当时联系不上我，或者是我没接他的电话，但这纯是无稽之谈。在我看来，我跟林球立名誉被毁的方式，会员大会上对球员们的贬损态度，对范加尔的人事任命程序，这一切清晰地说明了球员以及俱乐部都遭到了蒙蔽，我也认为他们故意没有征求我的意见。我们认为在任命范加尔的问题上，监事会的行为是非法的，所以，身处阿贾克斯管理层的前球员们决定对4名监事会成员提起法律诉讼，起诉的对象是监事会而不是阿贾克斯俱乐部。我们想要释放出明确的信号，那就是运动员不容被随意践踏。我认为监事会给俱乐部带来了不公，在我同这种不公正的斗争中，年轻一代的阿贾克斯死忠也愿意加入进来，给了我强力支持。我甚至更为确信的是，我这一代人应该退居二线，在幕后给这批胸怀大志的新退役球员出谋划策，帮他们完成将阿贾克斯重新带回欧洲之巅的使命。

采取法律行动的决定并非针对范加尔个人，一切都跟俱乐部的运行方式有关。我跟范加尔都已是60多岁的人了，需要给新一代传授我们的经验，但是否采纳要取决于他们。像我和范加尔这样年龄的人不一定非得把有权力，进入董事会，我的态度一直很明确，这样对任何人都没好处，不应该发生。放眼欧洲的很多俱乐部，年轻的退役球员正在掌权。我的起初计划就是想让阿贾克斯在这方面引领荷兰的潮流，让它成为第一个由体育人管理的体育组织——这是“克鲁伊夫计划”的一部分，而我置身事外做自豪的旁观者。然而，我们美好的愿景却遭到破坏。不过我们始终坚信自己的使命，这在大家采取法律手段的集体决定中就体现了出来，因为不仅是我们觉得事情被搞得一团糟，俱乐部和球迷也深有同感。当埃德温·范德萨、丹尼斯·博格坎普、罗纳德·德波尔、布莱恩·罗伊、维姆·琼克、马克·奥维马斯等为数众多的阿贾克斯忠实拥趸都站出来捍卫俱乐部利益，我认为这实际上才是对阿贾克斯最高的致敬。

将监事会告上法庭引起了外界广泛关注，不过，还要过2个月我们才能等到法官做出裁决。现在，经过同路易斯·范加尔协商，马丁·斯图尔肯博姆和丹尼·布林德被任命为新的经理，但由于我们的技术方案已经铺开，新的任命将会导致巨大问题，因为他们并不适合我们为俱乐部制订的规划。

我们开始实施新架构的第一步是取消技术总监一职，因为这个角色在阿贾克斯从来没起过作用，将来也不会，所以决定以技术核心——一个由两名前球员和主教练组成的团队取而代之。前球员是维姆·琼克和丹尼斯·博格坎普，两人曾在国际米兰、阿森纳、阿贾克斯和埃因霍温效力过，因此很清楚成为国际大俱乐部的一员是什么感觉。假如某个领域的动作涉及一线队，那么弗兰克·德波尔也会参与决策，他在2006年退役之后成为阿贾克斯青年队教练，2010年12月成为一线队主帅。如此一来，俱乐部内跟足球相关的一切事务都由技术核心团队负责。但这只在理论上可行，整个计划被监事会的行动毁掉了，这正突出了阿贾克斯最大的问题：信任缺失。任命范加尔为总经理导致俱乐部内部状况前所未有的糟糕，事情一天天变得更加疯狂，突然之间，各色人等都开始喋喋不休地劝我同范加尔坐到谈判桌前，把问题说开解决。但这忽略了斯图尔肯博姆和布林德的工作方式，他们就任之后立即展开了行动。

我们的技术方案阐明了技术核心团队的工作模式，但斯图尔肯博姆并未研读，便决定解雇琼克手下的一位同事，并且给琼克一个书面警告。这种莫名其妙的定调让我感觉，斯图尔肯博姆自己有一套截然不同的政策，由此开始了大清洗。更加混乱的是监事会之外的行政岗位职责。球迷、教练和球员明显将自己同监事会成员之间保持了距离，结果监事会还是不惜以牺牲阿贾克斯为代价，对林球立和球员团体提起两起法律诉讼。如果有人蓄意以种族歧视的罪名，企图将阿贾克斯最著名的孩子搞得声名狼藉，通常情况下，这人会立马被踢出俱乐部。但我们的主席没有这样做，相反，他继而对林球立大泼脏水。

如此混乱局面的核心是阿贾克斯的价值观和标准之争。以我之见，阿贾克斯应该坚守这样的价值观和标准，但它却遭到了监事会的肆意践踏。让我感到奇怪的是，放弃这些标准的人并未马上被扫地出门，董事会在一定程度束缚住了俱乐部。就这一点来说，真正的阿贾克斯实际上已经丧失了它的全部力量。

虽不可思议，但千真万确。尤其是董事会主席亨尼·亨里希斯多次试图让我和范加尔合作，他试探过我俩的态度，不过事后我听说阿贾克斯所有部门都不建议他这样做。我对此一点都不觉得意外。同其他很多阿贾克斯死忠一样，我无法理解范加尔为何要接受总经理的职位。难道他看不到俱乐部正在发生什么吗？走出这一步，他要冒巨大的风险。

有人宣称他是用这种方式报复我。但图什么呢？据说我们以前吵过架。原因？传言称有一次他同我全家共进圣诞节晚餐，在离开时并未好好地感谢我，我为此心生不满。但事实是他当时之所以匆匆离去，是因为他刚刚得知姐姐去世。要不是这次我家人的道德品质遭到了质疑，我一般都懒得搭理这样的鬼话。如果我是那种为这样的事而生气的人，我的人品就没什么好说的了。但它根本就不是真的。

真实情况是这样的。那时范加尔是阿贾克斯的助理教练，我是巴塞罗那的主教练，1989年圣诞节和新年之间，他来参加我的一个教练培训课程。我妻子丹妮不希望一个同事在节日期间独自一人待在酒店，于是邀请他来家里聚餐。气氛相当轻松愉快，我们告诉他，在他逗留期间，我家的大门随时向他敞开。第二天范加尔又来了，但我和丹妮要参加一个派对，就让他跟我儿子约尔迪和朋友罗尔夫一起过。这三人度过了一个美妙的夜晚，他们点了比萨，喝了点酒，还聊了很多足球话题。第三天晚上他再次光临，我们正在喝酒时，他突然接到电话说他姐姐病了。次日，他便返回了荷兰。过后不久，我们在荷兰重又见面，范加尔表现得很热情。我妻子同他相处得很好，1996年欧洲杯期间在英格兰还跟他见过，他跟每个人都说我妻子是世界上最好的女主人。所以说，我或者我家人为他不谢而别感到生气，这纯是子虚乌有。

他从未解释过自己当时为什么甘愿被监事会利用，我觉得这也挺奇怪的。2个月后的2012年1月，法官做出裁决，范加尔以及随后斯图尔肯博姆和布林德的任命都属非法。不幸的是，问题并没有因此解决，监事会根本无视判决。这就造成了一个荒唐的局面：阿贾克斯俱乐部为监事会的辩护团队支付了律师费，但现在，它却不得不自己聘用律师来摆脱监事会成员。在73%的多数阿贾克斯股东支持下，俱乐部要求监事会成员辞职，但是遭到了拒绝，俱乐部想招募新成员也被他们想方设法阻挠。所有这一切问题的根源，都是由于监事会非法任命了一个总经理，此人不实施同俱乐部技术总监已经沟通好的计划。直到最后，监事会成员还在垂死挣扎，他们自己任命了继任者，但事实很清楚，这些人根本没有运营足球俱乐部的能力。他们最终答应逐一罢免监事会成员，但我信不过这一流程。作为监事会的一员，我同意这么做，不过条件是我最后一个走人，以确保一切都按计划进行。

最终在2012年，新的篇章终于可以开启了，此时距离同皇家马德里灾难性的比赛后我引爆炸弹，已过去了近两年时间。监事会造成的这次乱局充分表明，阿贾克斯出问题的不仅是足球。还有一点不合情理的是，在公开上市的阿贾克斯股份有限公司里，俱乐部足球一方的力量占有多数股权，但它在如何管理自己方面却没有发言权，在决策过程中，董事会和监事会有权将其他人排除在外。

总经理不应该是俱乐部最重要的部分，球队11人才是。如果球队表现出色，它就能获利，训练起了作用，每个人都称心快意。俱乐部方方面面必须支持球队11人，不管你是教练还是服务员，主管还是场地管理员，行政人员还是洗衣工，你都是阿贾克斯人。所有人都劲往一处使，以便为球队服务。如此一来，由于他或她扮演的角色，人人都是不可或缺的，受益的是同一个俱乐部，同一个阿贾克斯。如果缺少这种心态，你就不必掺和足球圈的事了。当然，抢走风头的是球队，管理人员只能当绿叶，但这些原则适用于俱乐部的所有部门，会员委员会和董事会必须以团队精神为导向完成各自任务。比如青训，必须由对足球有深刻理解的人来做，这是先决条件，同时他们也需要在健康、教育、福利等其他领域技能精湛的保障团队。

11

业余领导职业

我们浪费了两年时间用于解决俱乐部的管理问题，在此期间，弗兰克·德波尔率领的一线队战绩出色，两次赢得荷甲联赛冠军。他的教练生涯起步很好，执教青年队时就很成功，目前的这支球队表现出了巨大的潜力。由于这个原因，阿贾克斯董事会有道德责任确保弗兰克不会步其前任后尘，毁在官僚政治中，以使他集中精力带好球队。很显然，过去由于俱乐部组织工作不力，不管谁当一线队主教练都会碰壁，我们不希望这种事也发生在弗兰克身上。德波尔跟他手下球员的成功，必须是阿贾克斯以后长期稳定在最高水平的开端。尽管如此，现实情况是他们或许在国内联赛称雄，但他们踢的比赛质量却时高时低，毫无疑问，要想达到我们共同的目标仍有很长的路要走。不幸的是，成功往往会掩盖善意的批评。

正如我所说的，我是最后一位离开监事会的人。我在阿贾克斯已没有正式职务，但这并没有让我夜不能寐。过去两年的纷扰带给了我巨大的变化，根据丹妮的说法，我一年内泡在电话上的时间比过去 20 年都多。此外，我还经常往返于西班牙和荷兰之间，费用都是我自掏腰包。但我愿意这么做，因为我坚信，假如我在斗争中失败了，阿贾克斯作为顶级俱乐部的身份也就彻底完蛋了。

2012年11月，迈克尔·金斯贝亨被任命为阿贾克斯俱乐部的首席执行官。迈克尔的母亲跟丹妮是朋友，他还是个孩子的时候我就认识他，我很高兴他能被新的监事会选中，因为他显然是这个位置的最佳人选。任职期间，他签下荷兰有线电视运营商Ziggo，作为俱乐部的主赞助商，合同金额创造了国内纪录。他同时也是埃德温·范德萨的良师益友，在曼联度过6年辉煌时光后，范德萨回到阿贾克斯成为市场总监，干得相当不错。我还发现迈克尔总是喜欢把埃德温推到台前，他自己则居于幕后，这非常重要，在我看来，这表明俱乐部的利益在他心中高于自我。

美中不足的是，我们最初拟订了一个俱乐部三人技术核心团队的方案，目的是让一线队重新踢出赏心悦目的足球，但由于阿贾克斯上市的阿姆斯特丹证券交易所的规定，迈克尔不得不背离了原始方案。根据证交所条例，技术核心团队得包括一名总监，因此在琼克、博格坎普和德波尔的三人小组之外，马克·奥维马斯作为第四名成员加入进来，并被董事会任命为足球事务总监。

足球事务总监同技术总监的角色有着天壤之别。从此，奥维马斯成了负责球员买卖的人，并正式负责球探、医护人员等一切能直接影响“足球”的事务。当然，所有事情他必须同维姆、丹尼斯和弗兰克商讨，他们三人各司其职，但总体负责是奥维马斯，这并非我们的初衷。同样达成共识的是，虽然理论上讲这一结构存在等级之分，但在实践中，每个人的工作都以平等为基础。在监事会和董事会里，前球员特奥·范杜伊芬博德、迪克·舍纳克以及前教练托尼·布鲁因斯·斯洛特将作为顾问，密切关注俱乐部动态。随着荷兰前经济大臣魏思瀚担任俱乐部监事会新主席，荷兰皇家航空公司前总裁莱奥·范维克成为新的监事会成员，俱乐部的管理水准也得以提升，我们正推动阿贾克斯开创新局面，我对此满心欢喜。

然而事与愿违，在新的组织架构下，我的顾问角色毫无实质意义，因为我已没有任何支配力，也就贡献不了什么了。这样的结果是，当他们再出昏着时，我无力扭转局面。与此同时，有些人为了扩大自己的势力范围，开始进行战略性布局。而我考虑的则是：你在这个位置上，必然具备一定的才能，那就利用自己的能力为大家打理好一切。在我的管理生涯中，我总是直截了当地讲出自己的想法，在决定每个人如何做之前，我会同手下讨论各种可能性。但现在我却有心无力。

相比之下，巴塞罗那俱乐部重组的开始时间要早 5 年，由弗兰克·里杰卡尔德主导完成并立见成效，彼此间理解起来更清晰了。事情进展顺利时他们给我打电话的次数要少于事情不顺时。本来就应该这样，如果有问题需要解决，只要一个电话就够了。但在阿贾克斯，他们所做的似乎只有开会。从担任顾问的那一刻起，我几乎就没得到管理层的任何信息。即使远远观望，我也能看到对于如何利用我的角色，冒出来了很多不同观点。

当然，巴塞罗那有里杰卡尔德，他在足球方法论及执教经验方面都有巨大优势。之后还有瓜迪奥拉，他于 2008 年接手巴萨一线队。我在一定程度上都执教过他俩，而阿贾克斯的那一代球员则没人受训于我。在战术领域，他们常年在一个实际上并不看重战术的国家效力：范德萨在英格兰，奥维马斯在英格兰，都是英格兰。英格兰人从来不那么热衷于战术，所以你也没法指望他们吸纳我的战术要点。所有这些都意味着，在足球层面，阿贾克斯正在发生的一切跟我的足球理念没有太大关系。

还有其他一些方面同我们制订的克鲁伊夫计划——一个跟我

名字关联的新技术愿景格格不入。在现实中其实并没有克鲁伊夫计划，因为我的眼界得益于我师从里努斯·米歇尔斯和雅尼·范德费恩这样的专家所获得的经验，以及我当教练积累的理念。阿贾克斯要想取得成功，根基首先得完备，这样随着各方面的改进，整个俱乐部将处于更好的位置调整自己。但在我看来，阿贾克斯没能施行顶级足球的基本原则，因此不管是克鲁伊夫计划还是其他任何计划，从诞生起就注定了失败的命运。

我最初在米歇尔斯手下时，我们备战一项赛事，并不进行额外的训练，而是每天踢一场比赛，目的是尽可能多地分析各种局面，同时提高我们的比赛适应性。通过遵循这一简单但清晰的步骤，阿贾克斯培养出了很多世界级球员，这就是为什么我始终依照类似的基本原则工作。跟米歇尔斯一样，我推崇以赛代练，比赛的目的是为了提高。比如在巴塞罗那，我将门将安东尼·苏比萨雷塔放到左前卫位置，让他多用脚触球，通过这种方式，我希望增强他同其他队友之间的联系。当下的阿贾克斯队从来没有想过这样做。

这些都是阿贾克斯奠定自己伟大的欧洲俱乐部的内部规则，然而，昔日辉煌留下的遗产如今却被人轻易遗忘。顺便说一句，这不是攻击主教练弗兰克·德波尔，他在执教过程中遇到了各种各样的障碍，合同也即将到期。

2015 年，迈克尔·金斯贝亨被告知他未能表现出足够的领导力，此后俱乐部没有同他续约。我认为这是不公平的。他不仅签订了阿贾克斯历史上的最佳赞助合同，还重新定义了范德萨在俱乐部中的地位，使其成为目前阿贾克斯的巨大财富。金斯贝亨在其他事情上遭到了不公正的指责，包括技术核心团队之间的紧张关系，琼克为一派，博格坎普和奥维马斯为另一派。我不太理解为什么会这样，但这种事情难免发生，金斯贝亨不得不尽最大努力处理。在我看来，特奥·范杜伊芬博德作为有着顶级足球背景的监事会成员，本应该明确表达自己的态度。相反，我被迫要求董事会让务实的林球立参与进来，对俱乐部现状进行深入分析，试图解决根深蒂固的问题。

忧心忡忡的不止我一个人。有人呼吁我重新密切参与俱乐部的运行，但这从现实角度看是不可能的，因为我定居国外，做不到一周离家三四天。不管怎样，这从来也不是我的初衷。作为阿贾克斯管理层的一部分，我始终坚持的原则是尽力创造一些基础条件，给决策人员提供最好的帮助，接下来是新一代阿贾克斯死忠的责任，在共同愿景之上塑造俱乐部的未来。我一直强调计划实施应该由下一代人完成，这是至关重要的。我知道自己不会长生不老，而且健康问题早已时时困扰我。

林球立的报告于 2015 年底出炉，报告显示参与俱乐部事务的前球员的基本素质都很出色，但也有不足之处，因为他们缺少界定问题的经验，更别说如何纠正了。他们所能做的最好的事情就是承认自己有时需要援手，这在过去是实现不了的，但现在基于林球立的报告，额外的帮助渠道得以创建。

尽管林球立的报告内容翔实，但没过多久，涉及的一些人就开始唱反调，认为一切都好。他的观点以及他的品格再次遭到质疑，不幸的是，这一波声浪来自阿贾克斯本身而不再仅仅是管理层的几个人。让人恼火的是，对林球立不公正的批评被有些人利用，当作重走老路的借口。与此同时，林球立避免了机构中的前球员们被集体解职。监事会同某个人产生了重大分歧，并且不想跟其他人续签合同。由于希望自己的调查能顺利开展，林球立被迫屈从，但他保住了很多人的工作。不过，这使得一些前球员私下里甚至公开场合都流露出对他的不悦。

这种事情让关注和支持阿贾克斯队的乐趣大减，尤其是因为它的足球越来越缺少吸引力。作为观众，我看得十分乏味。球员们大多数时间都在回撤而不是前压，控制球权时，横传又太多。阵地战有时行动过于迟缓，导致中场球员和前锋都堆在了一起。

俱乐部很显然需要采取一些措施，但在一掷千金购买新球员之前，首先要确定的是现有阵容是否完全发挥出了自己的潜力。这本应是技术核心团队的职责，但我听到的都是如何充实队伍以及让旧将回归，不清楚俱乐部内部是否已经尽了一切努力解决基础的技术问题。这不光意味着提高训练水平，还包括更好的球探系统，以及同开普敦阿贾克斯、特伦钦这样的卫星俱乐部更密切的合作。

令人尴尬的是，到 2015 年年底，在阿贾克斯只有一支球队的踢法接近我的设想：维姆 · 琼克的 A1 队，即最高级别的青年队。不难看出，阿贾克斯的足球问题是糟糕的技术策略造成的。我跟球员们交流过传接球、控球、跑位、表现力等话题，但他们一下子消化不了这么多。我确信我们的防守体系、进攻推进的方式、节奏的掌控，都必须进行改变。横传及回传使得球员之间空间不足，这不是我们要的足球，必须尽快找到一个全新的场上蓝图。我们目前的踢球方式沉闷乏味，不仅出不了成绩，毁了我们的天才球员，也受到公众的排斥。

想要创造出阿贾克斯标志性的技术型、娱乐型足球，更好的训练是必不可少的。我们都需要为此努力，保持俱乐部的内部和谐，关注每个相关人员的进步，判断谁可以做得更好以及谁需要换种方式操作。所有人都要记住，他们做的每件事都必须最大化地符合阿贾克斯的利益。

在此期间，我越来越怀疑监事会成员莱奥·范维克的意图。2015年9月11日，在林球立的报告发布前，我同范维克、林球立一起从头到尾过了一遍。莱奥满腔热情，他对报告中的每个字都表示了赞同，正因如此，4天后，当监事会采取了跟我们同范维克讨论的几乎相反的措施时，我和林球立目瞪口呆。举例来说，范德萨强烈要求让金斯贝亨回来，因为他现在忙得基本上没有私生活了。相反，埃德温的工作量不减反增，他由商务经理被提升为市场总监，此外还要他负责技术核心团队。与此同时，奥维马斯的职位由足球事务总监变为球员事务总监，全权负责球员的转入转出及合同拟订。在这个位置需得极为谨慎，因为一旦没把要做什么解释清楚，就很容易产生误解，前一年的引援就说明了这一点。琼克对于自己培养出来的新秀有绝对的发言权，但当一名球员转会时，他的意见多数时候都无人理会。多尔夫·科莱还被任命为总经理，他曾是一名银行家，但这些年作为监事会成员，很多事情他都是让专业人士来做。我最开始希望他无论如何能把大家拢在一起，而且会站在前球员一边，然而很快，事实证明情况恰恰相反。

到2015年11月初，我已经受够了。多年来，没人在意我为阿贾克斯谋划的核心构想，我怀疑这是故意的，我可不玩这种把戏。最终，理性的一面让你做出判定，对零回报的事情再加大投入是毫无意义的。在我这个年纪，我早已不需要争取什么荣誉奖章了。16岁时，我在这里见证了阿贾克斯辉煌的起点，但是现在，接近70岁时，我却不得不目睹它的衰败，这真是让人难以置信的悲哀。没人愿意听这些，或者更准确地说，几乎没人愿意听，每个人都有自己的小算盘。假使问题仅仅局限于阿贾克斯身上，或许都可以算作我的错，但如果你整体审视荷兰足球，看到国家队丧失2016年欧洲杯出线权，你就会开始怀疑到底是谁在搞什么。我们都先别忙着捶胸顿足，看看这样的结果，你只能得出一个结论：我们走的是一条自取灭亡之路。这实在可悲至极。

2015年底，我离开阿贾克斯两周之后，科莱炒掉了维姆·琼克。就这样在半年之内，俱乐部首席执行官和训练主管双双离开，而正是他们重新激活了阿贾克斯的财政状况。在科莱向我做自我介绍时，他直接跟我说他对足球一窍不通。我和林球立告诉他，我们在这方面会助他一臂之力，然而他从未给我打过电话。他确实跟林球立坐下来谈过大概3次，但都不了了之。即使林球立的报告一针见血地指出了问题所在，他也什么都没做。

科莱来自荷兰银行，也就是说曾是银行人士，他或许是足球的门外汉，但对数字肯定有所了解。自打琼克来之后，阿贾克斯俱乐部通过卖自己青训出品的球员赚了约8500万欧元，他率领的球队在青年欧冠联赛中成绩突出，连战连捷。事实明摆在那儿，阿贾克斯的整个财政复苏主要归功于琼克同德波尔的协作，你怎能将自己成功方程式的一半扫地出门？

我们将监事会的另一位成员特奥·范杜伊芬博德视作自己人。他本身就是退役球员，本该是前球员里的关键人物，但他却唯监事会马首是瞻。以球探工作为例，由于一线队球探跟负责训练的人不在同一处工作，也不推荐优秀球员，因而受到批评。然而，最好的球探是董事会里的托尼·布鲁因斯·斯洛特，我曾跟他共事过11年。假如教练们没有寻求他的帮助，至少范杜伊芬博德应该指出他们是可以这么做的。征求一位董事会成员的意见，这在有些教练看来或许觉得脸上无光，但重要的是，如果你利用好自己的能力，你的水平就会得到提升，大家的日子都会更好过些。我还记得在监事会建议我们购买某名球员后，我同范杜伊芬博德有过一次讨论。特奥说这需要花费巨额资金，我们承担不起。然而过了两周，这名球员还是被买来了，范杜伊芬博德是签字人之一。于是我心里就犯嘀咕：你过去两周都做了什么？你有没有试着去说服别人？假如你认为一名球员不值这些钱，而其他人持不同看法，你应该去问布鲁因斯·斯洛特："你看，我们是否应该花这笔钱？"

范杜伊芬博德干预过多，使得技术核心团队问题不断，也导致了琼克遭到解雇。这方面他难辞其咎。作为最高管理层的球员代表，我认为他应该更多地保护年轻人的利益。

不幸的是，没人能够看清阿贾克斯必须摆脱这种外行领导内行的局面，他们不知道当务之急是如何让阿贾克斯重新成为阿贾克斯。只要我们能找回自己的俱乐部文化，方式怎么都可以，也许可以是买进所有的股份或是从证券交易所退市等。到目前为止，我跟董事会和监事会都打过交道，我的个人体会是极为悲观的。最主要的是，我觉得自己被两位主席严重误导。

当然，是人都会犯错，我们都在尝试一些新的东西，有些事情并不会立见成效，重要的是你要从错误中吸取教训，然后互相帮助争取做得更好。但在阿贾克斯，这样的合作是根本不可能的。证据就摆在面前，我始终认为这是我离职的原因之一，董事会处理事情的方式产生出不适合足球的负能量。会员和球迷走进体育场，必须能够享受自我，支持自己的俱乐部。可悲的是，阿贾克斯内部仍有太多的政治斗争，罔顾足球和俱乐部的利益。

我对年轻一代的退役球员感到失望吗？是的，尽管我认为这跟他们接受训练的方式有关，他们被灌输了某种特定的踢球方式，特定的看待足球的方式。这就是为什么你在哪里踢球、谁是你的教练非常重要，因为不同的执教方法预示着会给你留下怎样的遗产，同时能让你辨清优良中差。以拜仁慕尼黑为例，大约 50 年前，他们仍身处乙级联赛，如今却成了高水平足球的旗帜。通过选择总监及教练并交由其制定球场上的特定标准，他们成为人们寄望的代表足球未来的俱乐部。他们表明，提高自己的途径不是照搬西班牙或意大利的经验，而是首先认清自己。自我审视意味着确定自己的能力，设法弥补短处。你不能要求一个德国人必须像荷兰人或意大利人那样踢球，你就是不能。所以不必看别人怎么做，先理清自己的事情，这一直都是我的哲学。没这么做的借口不难猜到，当然，通常都跟钱有关。但是，比赛说到底是 11 人对抗 11 人，即使最有钱的俱乐部也不能派第 12 个人上场。这始终都是基本能力的问题，不要试图告诉我无论是阿贾克斯还是国家队，当下的荷兰足球不具备这样的基本能力。我们掌握这样的技能已有 40 年，现在突然间又没有了，事实绝非如此。这太疯狂了，但它也是一个合理的结果，因为在训练中，球员们学不到能让自己提高的东西。

幸运的是，总还是有维姆·琼克这样的例外，这也是为什么他能成为我的朋友。当阿贾克斯的其他人都无所作为时，他让他的青年队苦练基本功，要求球员们打磨技术。他的成功有目共睹，但没人咨询他是如何实现的，而且琼克非但没有被树立为榜样，反而被调到自己缺乏经验的领域。他跟我吐槽说他有没完没了的会要参加，而且明知道这些会开不出个所以然来。他说的一点也没错，因为阿贾克斯的足球跟会议无关，它关乎的是进球，是主宰比赛，是不管用什么方式确保晋级。但在阿贾克斯，有太多人坐而论道，这就意味着一切都是为了妥协和生存，控制并赢得比赛所需的技术则被丢得一干二净。

这正是我的观点。阿贾克斯实际上由两个俱乐部合而为一——职业的和业余的，业余的按说不应该有任何权力，但它竟能解雇职业俱乐部的老板。因此，你会得到大量错位的指令，都跟足球没有任何关系。足球由不同的专业领域组成，每个专家都各有所长，所以在一定的范围内，你必须让专业人士按自己的思路来，永远也不要告诉专家该怎么做。至于开会，假如有什么事情需要商量，但你事先已经知道自己是一对三，还去干吗？毫无意义。讨论某个球员的水平，如何提高天赋或改掉缺点，这样要好得多。你应该在个人及球队层面创造出积极的东西，而不是天天开会。如此一来，讨论才有意义。

荷兰是个小国，所以你必须具备创造力，同时要睁大眼睛发现周边的新天才，此外你还要留意其他可以签下球员的地方，免得其他俱乐部或主教练捷足先登带走他们。有很多的具体事情需要所有人协同合作，有时能够成功，有时则会失败，但你必须从一开始就认识到这种可能性。

这就是为什么我现在谈起足球，同我20年前所说的一模一样，我并没有改变观念。但还有别的东西，我当时不知道的新东西。人们不应只守着自己的一亩三分地，而是应该愿意同其他人互通有无。我将同一理念引入克鲁伊夫学院，坐在这里的学生来自世界各地，当他们开始学习时，你必须将他们聚合到一起，创造一个强大的集体，终将使体育受益。

种种纷扰过后，当我们终于能够在阿贾克斯展开工作，奔着回到欧洲足球之巅的目标时，我的态度同样如此。这是出于现实的考虑。涉及技术、战术和表现，我知道自己在说什么，因为20世纪

80年代我在阿贾克斯以及后来在巴塞罗那都取得了成功。依靠本土天才和几名买进的明星球员组队，我们踢出了华丽足球，两年内便站上了冠军领奖台。

还是以拜仁慕尼黑为例，其成就出乎所有人的预料：他们弥补了自己同意大利、西班牙和英格兰顶尖球队之间的鸿沟，而这家俱乐部甚至不在首都。你需要始终依靠具备专业知识的人，不管占据什么岗位，每个人都必须将自己的才能用于服务他人，其他人也得予以回报。

维姆·琼克是一个典型的例子。他对很多事都持开放态度，但事情必须做好。你不能只是对他说："我不同意你的看法，走开。"你不能这么做，因为他是最出色的，必须他说了算。当然，他也会犯错，那么就要把事情摆在明面上，让他相信其他人另有高见。假如一个懂得多的人遭到懂得少的人轻视，问题就来了。有太多的首席执行官和总监认为他们必须控制手下的人，而事实上恰恰相反，他们应该允许更了解情况的人指导自己。当他们并不清楚该如何做时，膨胀的自负心理也会促使他们妄自尊大地发号施令。

不管在哪个领域，你只需问他们一个问题，就能马上识别出这种人。有的人给出的答案是设身处地替你着想，有的人则试图说服你他是对的，他的答案是唯一的答案。当我提出问题时，我只想知道需要知道的，因为信息终归比智慧重要。我不需要旁征博引，只要找对人得到正确答案，我就能领先那些理解力强但信息少的人一步。出于这个原因，我做教练时尽可能组建一支庞大的团队，负责训练和后勤的方方面面。这并非为了当老大颐指气使，而是为了保证某些方面强于我的人可以做得更得心应手。我必须创造条件，让他们自主做事，无须我告诉他们该怎么做。我任命的专家不是我的助手，而是各个领域的负责人，就跟我主管技战术一样。

遗憾的是，胸襟足够开阔能这样工作的总监犹如凤毛麟角。多数情况下，你看到的是他们急于将自己置于聚光灯下，而工作都是其他人做的，涉足足球这么多年，我对此始终无法理解。我常说，要让专业的人去做专业的事。毕竟，假如你牙疼，你去看牙医是因为他熟悉牙齿；假如你突然看不清东西了，你去找验光师是因为他了解眼睛。同样的道理也应该适用于足球，如果有问题出现，俱乐部会有人知道问题的起因并能加以解决。作为主席或经理，假如不具备这样的心态，你就会忙得团团转。

医疗问题也是如此。阿贾克斯有队医，但他们需要的是一个拥有完备的医疗通信录的人，一个能马上知道该如何应对某个问题的人——不是自己解决，而是知道谁能解决。这个人把球员送去治疗，再监督随后的整个过程。他不需要自己操刀手术，他的长处在于掌握谁是处理问题的最佳人选，并为球员安排好预约，确保问题最终得到最好的解决。但是，有哪个主管、主席或其他什么称谓的人，会去过问自己的队医是否具备这样的能力，是否擅长球员的健康管理？这针对的不仅仅是医务人员。

在这方面，我试图拿阿贾克斯的新星戴维·克拉森做范例。他因伤缺战了一段时间，但没人知道问题出在哪儿。于是，我找来了巴塞罗那俱乐部的一个熟人，看看他能否找出问题所在。他马上致电各种专家，甚至包括眼睛和牙齿方面的专家。最后，他得到一个人的答复："嘿，这是我的专长，我了解这个问题。"克拉森一下子就得到治疗，很快便重回赛场。所以说，道理就是这样，它本来也该如此。但前提条件是，你要准备好放下架子，承认有人比自己强，而且已经在你的电话簿里了。

这种态度对弗兰克·德波尔这样的人同样适用。他得不到任何人的指导、帮助或支持，正因如此，他固守的远景规划对我或众多球迷来说不具备说服力。在一个不能人尽其才的机构，你会发现即使作为教练也举步维艰。我现在参照的是巴塞罗那和拜仁慕尼黑队的踢球风格，而这在阿贾克斯身上已经难得一见。具有讽刺意味的是，这两家俱乐部比其他任何俱乐部都更受阿贾克斯的激发，看看他们取得了多大的成功。假如你自己的俱乐部不再有意愿或远见弥补不足，你只能承认现实，抽身离去。

我得出结论，切断自己同阿贾克斯的关系是一个明智的决定，相当重要的原因是俱乐部对待维姆·琼克和林球立的方式，而这是我深以为傲的两个人。作为训练负责人，维姆的出色业绩不言而喻，但却被炒了鱿鱼。他是唯一一个践行克鲁伊夫计划精髓的人，一个想要谈论足球的人，但由于不愿改做行政工作，他被迫离开。林球立试图帮助阿贾克斯更多地成为足球俱乐部，而不是商业俱乐部，但当我看到人们对待他报告的反应，充斥着各种含沙射影，这就很说明问题了。

俱乐部意识到事情需要改变的一天终将到来。如果他们计划这么做，会有足够的人将一切汇聚在一起，这也符合真正忠诚的会员和球迷的意愿。当它发生时，我也将成为其中的一员，因为我永远支持阿贾克斯。如果有问题需要解决，健康状况允许的话，我随时准备赶赴阿贾克斯，但前提条件是所有人都得支持我。我现在采取了一种积极的心态——认为一切都会好起来，相信米歇尔斯多年前推行的变革将被证明是有益的。一路上，我们必须遭遇挫折才能凝聚人心。这个过程或许历时一年，十年，谁说得清呢？无论如何，有些人将俱乐部牢记在心，知道阿贾克斯代表着什么，当他们的意见开始受到重视时，改变就将发生。假如这一刻出现了，我们的斗争就没有白费。

12

与岁月和解

我在足球圈几乎什么都做过——球员、教练、主教练，唯一缺失的身份是全职国家队主教练，我认为这是自己职业生涯仅有的真正失败。1990 年，我遭里努斯 · 米歇尔斯无视，错过了执教荷兰队参加世界杯的机会，随着年龄的增长，我对此的不满越来越强烈。我同米歇尔斯的关系得到了修复，但这件事仍让我如鲠在喉，尤其是因为当时时机成熟，我却无法去做一件极为特殊的事情。荷兰国脚们时值球员生涯的巅峰期，在夺得 1988 年欧洲杯冠军之后，他们踌躇满志准备建立荷兰足球史上最伟大的功勋，身为教练的我同样心向往之。鉴于我在俱乐部及国家队层面的经历，我满怀期待自己能得到任命。人尽皆知，球员们和我都希望这能实现，因为如此一来，我们可以强强联合，最终成为世界冠军，弥补 1974 年和 1978 年的遗憾。但事与愿违，因为米歇尔斯另有主意，他不顾路德 · 古利特、马尔科 · 范巴斯滕、弗兰克 · 里杰卡尔德、罗纳德 · 科曼等主要国脚的意愿，将我晾在了一边。

作为技术委员会成员，他不想在荷兰足协内替我出头，显然是因为他听说我意图颠覆整个组织。一派胡言。当然了，我确实是想组建自己的技术团队和后勤保障团队，为我们创造最好的机会，全力争取世界冠军，但这并不意味着要推翻荷兰足协。假如我们失败了，我要拿自己脑袋来做赔偿，所以我只是希望明确规定好挑选团队成员的条件，这也是我当主教练的惯常做法。在关键位置上，我要选用已习惯于在最高水平球队执教并且每周都承受最大压力的人，而不是每两年才经历这么一次的人。

米歇尔斯后来跟我谈过这事。世界杯一结束，他就来到巴塞罗那队的训练基地，向我做出解释。谈话过程十分友好，但我仍无法理解他那么做的背后原因是什么。也许是出于嫉妒，谁知道呢。当然，他去过很多地方，所到之处都获得了巨大的成功，这自然让他内心得到极大的满足。或许他每天都听到有人夸克鲁伊夫出色，说他本可以同这个人合作得很好，这让他产生了抵触情绪。

我觉得，米歇尔斯患有心脏问题并不令人意外，因为他经常被迫伪装成另一个自己。我之所以知道，是因为我了解真正的他是什么样的人。他严苛无情，据我所知，如果需要的话，他会亲自带你去看医生，并动手给你做按摩。他真的很体贴。还有，假如我们在餐厅吃饭或举行派对，席间他会突然开始唱歌，我不由自主地想：天哪，他是怎么做到的呢？而就在刚刚的训练中，他几乎把我们练个半死。

1979 年我们同在洛杉矶阿兹特克队时，我发现他极其迷信。有一回我们赢球了，米歇尔斯穿的是一双很特别的鞋子——白鞋搭配着黑色流苏，高尔夫球手穿的那种。鞋子难看得很，但他认为它们能带来好运，于是在很长一段时间里，他在比赛日就一直穿着这双鞋子。而在欧洲，他绝对不会这么做，他在那里有特定的形象，我想他希望能保持住。有时候，他不得不强迫自己维护这一形象。从这方面来说，米歇尔斯是一个极端的人，他会跟自己较劲。

尽管在1990年，他破坏了我和伟大的一代球员的世界杯梦想，但我对他依然心怀暖意。父亲去世后，我有时觉得自己难以支撑下去，他给予了我很大的帮助，对此我不能忘记。

我的生活里常发生这样的事——和我有着特殊关系的人突然又辜负了我，像米歇尔斯，还有皮埃特·凯泽尔、卡尔斯·雷克萨奇及后来的马尔科·范巴斯滕。回想起来，也许这都属于人之常情。这种事也会发生在响当当的大人物身上，由于彼此间猛然产生了一种竞争关系，而他们被认为是伟大的，于是别人的意见就听不进去了。这些年来，我试着去换位思考，尤其是对米歇尔斯、凯泽尔和雷克萨奇。现在想想，我从他们身上学到了很多，但他们从未打算向我学习，我认为这种差别很能说明问题。比如皮埃特·凯泽尔，认识他时我还是个小伙子，他比我大三四岁。我失去父亲，他对我关怀备至，常叮嘱我："回家吧，兄弟。回去睡觉，明天还有比赛。"然后他自己可能找乐子去了，不过他对我十分照顾。我那时十六七岁，有时会偷骑他的摩托车或骑走别人的自行车。不管怎样，我耍过各种各样的花招，当这种情况出现时，能有个年长的人适当约束你是件好事。这对我很重要，直到有一天有些事情起了变化。像阿贾克斯球员的集体投票，皮埃特击败我当选了队长，导致我转投巴塞罗那。还有后来，他反对我提出的重组阿贾克斯的方案。但就像我前面说的，这也许就是人的本性。无论如何，我对他都没有任何怨恨。尽管我对这些事保留自己的看法，但我永远忘不了他对我的帮助。

我在巴塞罗那队执教时，卡尔斯·雷克萨奇一直担任助理教练，直到我被解职。我跟他的分歧更多的是理念问题。米歇尔斯性格固执，当然，我可能也是一个固执的人，但雷克萨奇不是。他从不做违背个人意愿的事，假如我做了，他会向我表达自己的看法。每当这个时候，他的态度通常比我还激烈。最终，我将我俩之间的差别归因于他的加泰罗尼亚思维模式，这源自他的家庭教育还是学校教育，我不得而知，但归根结底，雷克萨奇跟荷兰式思维或是我考虑问题的方式格格不入。他把他的意见告诉我，但他自己从未付诸行动。他做不到这一点，而我始终是那种如果事情不顺就必定有话要说的人，并且不仅说出自己的想法，还会给出解决方案。不管怎么说，你不会怀疑我对事情的看法，而雷克萨奇则是随波逐流——这是我们之间最大的区别。

马尔科·范巴斯滕是极为优秀的球员，在各方面都非常聪明。他不见得需要我帮助或是想跟我学习，这跟佩普·瓜迪奥拉的情况不同。在巴塞罗那踢球时，佩普曾面临被裁掉的危险，因为他被认为是一个瘦长的大竹竿，不能防守，缺乏力量，空中作业没什么用。他因自己的所有弱项而受到指责，但我认为这些方面他都可以学着做好。这些人没有看到的是，瓜迪奥拉拥有顶尖球员的基本素质：行动速度、技术和洞察力，能展现如此能力的球员凤毛麟角，而他无疑全都具备。这就是为什么我现在怀有极大的兴趣，关注着塞尔吉奥·布斯克茨的进步。在巴塞罗那，挂在每个人嘴边的都是布斯克茨之外的其他人，这些人都非常出色，但我关心的是如果阵容里不再有布斯克茨，他们会怎么样。我想大家会震惊于它所带来的变化。我还认为布斯克茨能成为一个好教练。同瓜迪奥拉一样，额外的付出使他达到了如今的成就，对两人来说，成功都来之不易。

除了足球素养，瓜迪奥拉还拥有相当坚强的个性和聪明的头脑，你可以跟他天南海北地聊任何话题。他读书很多，执教拜仁慕尼黑之后，很快便掌握了德语。这样的人永远充满求知欲，尽管瓜迪奥拉不会依赖于我的建议，但他很想了解我的想法。

还记得他被任命为巴塞罗那 B 队主教练时，他征求我的建议，我跟他讲，以我之见，有一条原则他必须掌握，就是要告诉俱乐部主席：“离开更衣室，这里我说了算。”只有这样，他才适合做一队的主教练，假如做不到，就只能待在二队。我的意思是他必须做老大，由他决定该怎么做并承担由此带来的后果。在任何情况下，他都不应该为其他人的插手而背锅遭解职。回头再看时，你可以说：“我干得真蠢，但我为自己的行为负责。”或者是：“我做得不错，不管别人怎么说怎么做，下回我还要这么干。”佩普在这方面的见解很透彻，他着手布局，按自己的设想将方方面面整合起来。

尽管范巴斯滕同样才智过人，但我跟他的关系是另一码事。我曾思考过这个问题，最终做出判断，佩普和马尔科之间有着本质区别。前文说过，要不是我在巴塞罗那，瓜迪奥拉很可能早就被卖掉了。范巴斯滕的情况则完全不同，即使没有我，他也是世界一流球星，他确实不需要我。而且，他很可能认为自己职业生涯初期效力阿贾克斯时，在他脚踝健康状况存疑的情况下，我是那个促使他上场出战格罗宁根队的人。那场比赛导致他伤势恶化，以至于几年之后，他被迫过早地结束了职业生涯。我试着站在他的角度出发，逐渐明白了为什么他到后来并不尊重我所有的建议。这是一种报复，原因是当时我说服他参加了那场比赛，从而使他后面的职业生涯蒙上了阴影。如果这样想的话，他的反应就是完全可以理解的。这就是为什么我现在来看，造成我同米歇尔斯、凯泽尔、雷克萨奇和范巴斯滕产生矛盾的原因，主要是我们出发点不同以及个性差异，我对他们都没有任何怨恨。在米歇尔斯 2005 年离世前，我已经跟他冰释前嫌，而且我同皮埃特也恢复了联系。

我对这些事情做了大量思考，而且自2015年10月我被诊断出肺癌之后，从我的老队友以及执教过的队员反应中，我获得了数量惊人的正能量。其中的一些人，我之前在处理同他们的关系时，几乎可以说都要小心翼翼的。这的确显示出一种特别的尊重，因为即便有过观点分歧，但我们得出的结论是，和解是前行的唯一途径。这是我这么多年来学到的道理，因为我一直想知道他们是如何看待这些事的、是否跟我抱同样的态度。我总能把事情处理得很漂亮，但有时也做不到。

身处足球顶端，我们每个人都面临巨大的压力，有时会达到临界点。这在更衣室内的确如此，但一旦走了出去，所有争论都烟消云散，至少对我来说是这样的。很高兴看到，随着前球员年龄的增长，他们也逐渐赢得了更多的理解，即尊重替代了误解。有的时候远不止于此，我还发现，对于我几乎注意不到的事情，他们却觉得很特别。无论此人是罗纳德·科曼还是一名梯队球员，这种事都格外让人欣慰。

当然，瓜迪奥拉有番言论很符合上述情况，他在谈到我为巴塞罗那带来了什么时说："约翰建好了大教堂，我们有责任维护好它。"他措辞选择极为巧妙，让我深受触动，因为无论是在巴塞罗那还是阿贾克斯，我只是做了自己认为对所有人最有益的事。幸运的是，它在巴塞罗那收到了成效，不过，被佩普赞美的大教堂之所以屹立不倒，主要归功于弗兰克·里杰卡尔德、亨克·滕卡特、佩普·瓜迪奥拉、特希基·贝吉里斯坦这样的人。我对他们心怀感激，因为这不仅仅是我热爱的足球，也是球迷们热爱的足球，是足球本身必须有的样子。

尽管我认为当下会经历一段相当混乱的时期，但我对足球的未来持乐观态度。目前的规则就是金钱，这在英格兰表现得尤为明显。商业化是足球的一部分，也是不可或缺的，但万事都要有个度。从这方面看，问题的根源不在于球员和商业化，而主要归咎于董事们不肯放手竞技层面的事。以英格兰本土天才的发展为例，它反过来会影响到国家队的实力。当过多外籍球员在英超踢球，你是担有风险的。一种解决办法或许是，将每支球队上场的外籍球员人数限制在最多5人。要说明的是，我绝对不反对使用外籍球员。在这方面，我甚至属于先行者。我转会到巴塞罗那，弥补了球队的不足，正如我还在阿贾克斯踢球时，韦利博尔·瓦索维奇和霍斯特·布兰肯堡的加盟所起到的作用一样。

我曾进言荷兰足协，在职业俱乐部中倡议推行君子协定，让每家球会都承诺在首发11人中至少包括6名持荷兰护照的球员，从而迫使俱乐部更加注重青训。福利政策当然是好事，但你必须要为自己考虑。我对此的态度既不积极也不消极，而完全是客观的，纯粹从足球的利益出发。足球中的事情往往不同于其他行业，它所带来的影响也是不同的。暂时忘记更广泛的欧洲背景，将荷兰作为一个整体，使国内所有俱乐部达成一致，同意至少派6名拥有荷兰护照的球员首发，由此最多5人没有荷兰护照。我不在乎西班牙和英格兰是怎么做的；这就是我们的想法，我们应该像美国人一样，先顾好自己的事情。在美国，没人可以对职业棒球大联盟（MLB）、职业篮球联赛（NBA）或职业橄榄球大联盟（NFL）的政策施加不合理的影响，它们的组织方式能使所有决定都符合运动本身的利益。从这方面来说，欧洲已经落伍了。除此之外，欧洲本土的俱乐部老板经常无力继续维持庞大的开支，只能吸引国外资金注入，这就意味着左右国内联赛的决策越来越多地由美国、亚洲、中东的董事会做出，由此造成局面失衡。每个国家都应该根据自身情况考量问题，这是至关重要的，否则一切就更乱套了。以前，荷兰、比利时和苏格兰的俱乐部在欧洲顶级赛事中都让人不敢小觑，但如今它们已无足轻重。是它们对比赛的兴趣已远远落后于对手，还是由于资金短缺而被对手超越？这个问题见仁见智，更重要的是要问对此能做些什么。

高水平足球跟技术、战术、训练及财力息息相关，而且永远都是如此。俱乐部或国家队的境况可能会变，但这些基本要素不会变。在荷兰，技术永远都是足球之本，你必须固守这一点，不能变换其他方式，因为荷兰民众不接受。在加泰罗尼亚也一样，我希望它能坚持下去，教练基于球队选择球员。比如伊涅斯塔跟哈维，他俩不是两名“速度快的中场”，而是两名“球员”。球员必须将球控制在自己脚下，跑动得越少越好，因为他越疲惫，技术变形得越厉害。这就是为什么你需要解决一个问题，即如何减少某名球员因跑动过多而造成的不利影响。你会做出何种选择：更强的体能、更好的技术，还是更快的速度？答案是你追求的品质要让球迷满意，因为归根结底你是为公众表演。我一个荷兰人不能到了英格兰或意大利之后，自己怎么高兴就怎么踢。不，你要以球迷希望的方式踢球，球迷需要到球场看球，而球场也需要坐满观众。你能看到巴塞罗那也是如此，他们做出自己的选择之后，已将同一理念坚持了近30年。试图做出改变的教练会遇上麻烦，因为球迷不喜欢。

所以说，在精神气质一脉相承的前提下，20世纪90年代的巴萨“梦之队”同瓜迪奥拉的球队之间最大的区别是灵活性。问题不在于俱乐部的理念是否应该改变，而是能否使它更好。因此，你必须不断地问一个问题：这么做的速度是否应更快一点？如果是重要的事情，比如持续控球，就在不牺牲准确性的基础上磨炼更快速地传球。如果事情并不重要，就不必为此担心。你还必须能够判断什么是快什么是慢。高水平足球中对细节的分析是最难的，通过这种方式分解全局，为你夺取胜利的并不只在最后一击，有时还能提前两三个动作。球如何被队友接到，他下一步又会如何做？他需要一脚处理还是两脚？接球队员的控球能力怎样？随后你还得对付防守队员。当强队踢弱队时，强队中的有些队员往往有所放松，比赛节奏就会下降，球传不过来，或是传得太晚。你必须能看出这样的细节。这就是当下荷兰足球的问题，全世界都还在称颂我们的踢球风格，只可惜懂得如何训练球员这么踢的荷兰教练已寥寥无几。我大概 15 年前就注意到了这一情形，教练们选择了不同的阵形，这意味着空间利用也走了样。

用刀叉吃饭，100 年前是这样，100 年后还会这样。有些事情就是一成不变，足球亦如此。首先需要确立基本原则，只有这样才能在此基础上提高。在荷兰，基本原则已被违背，最好的厨师备好了饭菜，但我们却忘记了如何使用刀叉。守门员就是一个很好的例子。1992 年，足球规则发生变化，不再允许守门员用手接队友的回传球，这迫使他们加强脚下技术。在那之前，大多数门将脚下技术都很差，但到了今天，他们中 90% 的人长传水准高于 90% 的非门将球员，这证明技术是可以通过训练提升的。而且，现在的每名守门员左右脚能力都很均衡，他们是怎么做到的呢？要知道，除门将之外的球员里，只有约 1/4 的人左右脚都好使。这充分说明，门将意识到了双脚都能踢球是自己必须加强练习的基本技能，这种苦练收到了回报。其他位置的球员为什么不这样做呢？

全队合练固然很好，但球员们需要明白，为了球队利益，他们的个人技术如何才能提高。作为主教练，你会给球员们布置“家庭作业”吗？或者是训练课之后，你会把其中几人叫到一边，向他们解释高空长传同贴地长传的区别吗？相对而言，贴地长传球速更慢，看上去似乎也更容易接住，但在实践中，这样的球更难有效地控制，需要接球队员集中注意力。这就是为什么你经常看到有人接很慢的传球时出现失误，因为接球者精神过于放松，而假如你的传球力道很大，接球者的注意力通常会高度集中，失误的概率随之减少。任何一次行动至少都有两名球员参与其中，体现的是彼此间协同配合的能力，然而，人们却把更多的注意力放到了他们如何单兵作战上。

此外，球员的身体和精神状态要服从于足球，当然，它们都需要被考虑，但前提是始终站在足球的角度。假如有球员无精打采的，不急着分析他们的心理原因，首先要看他们的足球表现，因为如果足球方面是好的，就会产生出众多正能量，促使身体和精神上的问题不复存在。回想一下你小时候，上了一整天学之后再踢球，你觉得累过吗？并没有。你只是晚上睡得更香了。

场外因素也可以影响球员在场上的发挥。记者们总是绞尽脑汁为自己的报纸寻找可写的料，你一旦开始相信自己在上面读到的东西，你就处于自欺欺人的危险中了。唯有主教练对你的评价才是最重要的。报纸上写的内容都是为了博销量，读到正面评价自然舒心，如果是批评报道则会心生不爽，但记者们的观点通常跟你主教练的判断大相径庭，两者需要有明确的区分。关于巴塞罗那队的报道总是集中在梅西、内马尔和苏亚雷斯身上，但做基础工作的是伊涅斯塔和布斯克茨，每个伟大的球员都是站在队友肩膀上的。

在足球比赛中，后场的失误甚至可能导致前场出现问题，因为成败经常就在毫厘之间——比如不到一米的站位差异。如果传给你的球速度偏慢，对手就有时间靠近你，如果球速很快，对手很可能迟你一步。我所指的就是这种细节，在高水平足球中，类似例子数不胜数，而且它们还决定着风格打法。有能力教这个的教练寥寥无几，球员们由此变得更有压力，这通常会使一些天才球员受损。我很欣赏能从团队利益出发考虑问题的技术型球员，之前已经提到过伊涅斯塔和哈维，他们完全颠覆了只有跑动能力强的健壮型球员才能踢他们位置的理论。很多教练都是那么想的，选择中场球员时优先考虑肌肉而非技术。在4-3-3阵形的使用上也能看出这一点，这是为荷兰足球设计的打法，然而很多教练已经玩不转这种攻势足球了。所以你会看到球队回收得越来越深，寄希望于找到打反击的机会。但是，只要选对球员，任何有胆量合理祭出4-3-3打法的人最终都能得到回报。

现如今，凡事都要从处理方法的角度去看，所有人都利用录像、分析系统或是什么解释一切。还是自己解决吧！这是我常跟人说的话。以防守反击为例，一名后卫面对两名进攻队员，进攻队员如何能避免越位？让他们自己想办法。能力也包括看出他人所见，解决办法也是这个道理。如果你是主教练，不要填鸭式地教球员，要他们自己想应对之策。这适用于任何一位教练。我还记得当年巴塞罗那对阵马德里竞技，对方前锋何塞·欧洛希奥·加拉特算不得世界级球星，但是不论我们怎么踢，用什么办法，他每场比赛都能觅得三次射门良机。我们苦思冥想该怎么对付他，并试着让自己踢这名前锋的位置。我们讨论了一会儿，有人提出他摆脱盯防的能力非常强，当然，只有在有人盯他的情况下他才能这么做。于是我说："你们知道怎么做了吗？我们以后别盯防他了。"他们都说我疯了，然而，问题就此迎刃而解。加拉特踢球的特点是诱使一名后卫靠近他，这样能让他更容易一秒钟后甩掉对方，他的思路刚好比我们高一点。所以在下一场比赛中，我们不再对他进行贴身防守，随他自己跑。有人说："这样行是行，但万一被他打进两球呢？"我说："那算我们倒霉。"

从那以后，加拉特再也没给我们制造过麻烦。没有了对手，他变得无所适从，迷失了方向，因为盯防他的人原本是他的参照物。我们另辟蹊径解决了问题，大家起初还有些担心，但你需要这样尝试才能找到问题的根源。这就是我始终支持以足球为本的原因，而且，原则上我反对我们当前讨论的所有创新举措，比如门线技术。足球是唯一纯粹用脚参与的体育项目，所以犯错的概率要大得多。比赛过程不设暂停，从而使得执教难度更大，错误的可能性进一步增大。

你从比赛规则也能看到，其中必然离不开一些主观因素，比如球的整体没有越过门线时判定进球有效，或是反过来的情况。这样在比赛结束后，人们到酒吧就有了话题，诸如此类的事情能带来热烈讨论的氛围。喝喝酒，聊聊天，这都是足球的一部分。启用门线技术后，所有的讨论随之而去。聊足球的妙处在于每个人想说什么就说什么，即使有人大部分观点是错的，但总有可取之处。当然，2010年世界杯英格兰同德国的比赛，弗兰克·兰帕德的进球被无视，这个失误确实极其严重，但与其讨论门线技术，倒不如想想主裁判和边裁是否足够优秀。我们难道不应该问这个问题——他们是不是也可以被训练得更好？

足球既关乎质量也关乎错误。大大小小的失误不断在球场上出现，有人单刀面对门将却错失进球机会，有人罚丢点球——这正是比赛呈现的样子。我还记得几年前的一场英格兰足总杯赛，一方门将扑出了三记点球。遇上这种情况你怎么做？炒掉主教练？弃用踢丢点球的球员？当然不能——这样的事难免发生，因为所有人都清楚，每场比赛都会有运气的成分。点球通常都能罚进，但有时也会罚丢。但是，对错失必进球机会的球员表示理解，却不肯原谅判罚失误的裁判，这样做就正确吗？或者我们可以说："这在球场上很正常，就这么着吧，再见，晚安。"

当然，每个人都必须达到相同的基本标准。球员们受到最大程度的训练，裁判员也应该如此。由于足球是一项充满错误的竞技，裁判有时也会犯错，正如顶尖射手浪费进球机会，最好的门将让球从自己手指间滑过。这种失误能让无数人谈论几天、几个月，有时甚至几年。这是足球的伟大之处，我们需要继续以这种方式看待它。同样的原因，下到足球场，上到董事会，让足球事务保持在球员控制之下极其重要。这或许有点单纯，但正是我的想法，也是我如此频繁同董事们发生冲突的原因。董事会的人想左右球场上的事，我却认为球场上的人应该决定董事们该做什么。在我看来，董事们永远处于次要位置，但我差不多总是注意到，他们抱有的是自上而下的心态。正如我提到的那样，这样想的人常有一种优越感，强使他人相信自己是正确的。相反，如果他们自下而上思考问题，会遇到自己不熟悉的领域，角色就得发生转换。你不得不向董事们解释有些事情该怎么做，而不是他们跟你解释。问题往往就是这么开始的，他们认为你在胡说八道，因为他们自己对此闻所未闻。

董事们不明白的是，基于足球思考才是行动的本质，是人们热爱这项运动的原因，也是指导俱乐部内部人员行为的基础。在这样的系统中，有人将流程运行起来，高层管理人员主要负责引导。决策者不应该是俱乐部首席执行官或主席，而应是对球队负责的人——主教练，他来判断一名球员是否该跑动更积极，冲得再远些，或是有谁不清楚自己的任务。这不属于董事的工作，他的职责是分析俱乐部作为商业实体的需求，并找出最佳解决方案。这才是他的工作。从球场上，你可以断定公众需要什么。顾客是上帝，不要忘了即便是最高水平的足球，主要功能也是为了娱乐。这一直都是我的理念，永远不会变。如果看到意大利的球场有时多么空荡荡，英格兰超级联赛的进球数有多低，你可能会严重怀疑这两个伟大的足球国度是否走在正轨上，商业在它们中占据了特殊地位。

这些潜在的问题将来只会增多，特别是现在中国对顶级足球产生了兴趣。这在我看来是一种完美的自然发展，因为足球的影响力已经遍布全球。你要想成为世界上举足轻重的力量，就必须参与到世界体育之中，不管是奥运会还是足球。不过，总还是需要某种特殊的平衡。中国的俱乐部或许认为他们只要买买买，球迷就能都被吸引来，但如果根基没打好，岂不是无本之木？你必须具备全局观，这也是为什么我极其关注日本足球的进步。美国也有很多相似之处，美国职业大联盟创办至今已有20多年的基础，他们仍在等待，看某一名球员是否可以让一切大不同，自己最终能否跻身世界顶尖球队之列。他们涌现出来的球员能力越来越强，足以前往更高级别的联赛效力，甚至登陆欧洲。日本足球和日本职业足球联赛同样如此。

当然，在过去的25年，各个大洲都为高水平的足球所痴迷，这实在棒极了。中国近期的投入是这一长足发展的最新阶段，但是，在足球新兴领域，如同足球发达地区一样，无论规划还是执行，最重要的是都得以足球为中心。唯如此，新来者才能塑造自己的个性，避免只是复制已经存在的东西。美国球迷必须在他的球队中找到归属感，到了一定时候，中国球迷也会这样。在巴塞罗那、阿贾克斯以及荷兰国家队，我意识到了人同足球产生共鸣有多重要，人们成为某种特殊事物的一部分，找到了情感的寄托。首要的一点，这个过程必须以球场表现为主导。假如它以一种良好的职业的方式实现，商业化及俱乐部政治自然也会加以效仿。

13

空间和节奏

很明显，我首先是一个美丽运动的爱好者。我常对荷兰足球提出批评，因为我很关心我们如何对待这项运动以及一些天才球员。这也是为什么我会用尽量简单的方式阐释我对足球的理解，这种方式不光需要球员喜欢，还要让球迷领会，同时体现出全攻全守哲学的核心。每个人都知道我推崇攻势足球，但你要进攻，就得把防线往前提，而为了做到这一点，你必须持续对球施压。要想让所有球员更容易执行，你需要在场上创造出尽可能多的线，如此一来，拿球队员的身前及身边便总能有队友接应。此外，拿球队员同这两名队友之间的距离不要超过 10 米，如果距离过大，风险就会增加。

原则上来说，在不包括门将的情况下，我喜欢使用 5 条线：后防线 4 人，1 名后腰，2 名攻击型中场分居两侧，1 名突前或回撤伺机而动的前锋，2 名边锋。在进攻阵形中，比赛场地主要从中圈的下半部分到对方禁区，长 45 米，宽 60 米，各条线之间的距离约为 9 米。

这些距离为什么如此重要？因为每个间隔都能更容易更有效地被覆盖，且球的后面总能有足够多的球员。请注意，巴塞罗那丢球后一旦开始施压，你会看到队友之间的距离从不超过 10 米，而且每个人都在动，意味着他们夺回球权的努力快速而果断。这也折射出很多荷兰俱乐部所犯的错误，因为在太多情况下，后腰不是坐镇中后场，而是前压过深，使得自己太过靠近前锋。假如其他中场为了补位而往里收，左右两侧的后卫或边锋不得不防守的空间就不是10米，而是20米到30米。球员之间连接不畅，球队自然就失去了对比赛的控制。

在前场，你放置一名前锋和两名边锋。在5条线出战的情况下，一名回撤的前锋跟一名突前的前锋没什么区别。我和马尔科·范巴斯滕通常被公认为荷兰足球史上最出色的球员，我作为前锋往往位置后撤，而范巴斯滕则是真正的前锋。

各条线之间应该紧凑些，这样控球的进攻球员就可以尝试射门，而且总能有六七名队友掩护他。此外，按照这种踢法，你就不必总是将球传给身边的球员，我们也终于能纠正对于控制比赛的错误理解，而这是经常困扰荷兰球队的问题。

如果5条线运用得当，每名球员各尽其责，它会在场上形成多个三角形，这对你的战术至关重要。一名球员专注于传球，一名专注于接球，第三名则跑到空当准备接应下一个传球。简而言之，人们有时会使足球异常复杂，但让它简单些，它反而效果最佳。有效进攻主要是正确运用技术、空间利用、高位防守以及对球施压的问题。

更进一步来说，这5条线是我要展开阐述的起始点。重要的是，每个人都要意识到，集结号从门将拿球时就已经吹响了。门将是第一个进攻球员，大多数情况下，在门将拿球时，后卫的反应速度要快于前场球员，其中一名边后卫已开始向前移动准备接球。当门将把球传给他，全队开启了行动的第一步。边锋现在也得向前跑，以拉开自己同边后卫的空当。与此同时，本方后卫组成的第一条线——换句话说也就是对方的锋线被越过，攻势已然形成。对手被迫选择阻止边后卫压上，对此你要有所预料。

我将给出两个简单的例子，来说明各条线何时需要共同行动。首先，当你的前锋移动到前场右侧，对方两名中后卫之一不得不上前盯他，另一个则被迫过去弥补因你的边后卫插上而形成的人数劣势。在这一战术中，左边锋和前锋现在都面临着一对一的局面。第二种可能性是左后卫大力传球给 20 米外的前锋，前锋接着将球回敲给前插的右前卫。如果这名前卫跑动时机拿捏得恰到好处，他就在同对手的竞争中处于上风，在球场右路创造出一对一的机会。

这种战术思想会让对手始料未及，制造极大的不确定性。例如，当左后卫通过中场将球传给左边锋，左边锋可以选择带球过掉对手，到了门前什么事都有可能发生。如果他选择传中，前锋会从右路包抄到近门柱，为右前卫拉开空当。约翰·内斯肯斯利用这一战术进过很多球。在这波进攻中，全队 3/4 的球员都处于球后，每个人都面对球门。这消除了对手打反击的风险，因为你的位置正好可以得到第二落点，以攻代守。

在左后卫拿球时，守门员跟其他后卫要组织好球队，这很重要。当进攻发起，万一丢了球权，后卫和中场要随时准备采取行动。你还可以更进一步，当对方门将持球时，让你的前锋对他施压。门将被迫快速将球踢出，这加快了比赛节奏，如果你的后卫和中场站位准确，会给对手造成更大的麻烦。前锋现在成了第一个防守队员，而就在前一刻，对方门将还是第一个攻击手。这表明无论作为个体还是球队，你必须时时超前思考。这种踢球方式简单易学，正因如此，看到荷兰球队不会这样推进攻势，我备感惊讶。他们不是将球向前传，而是横传过多，但这不痛不痒，只是将球转移到了球场另一端。

球场上的空间是必不可少的因素，尤其是为你自己创造空间，要想做到这一点，跑位或者制造任意球极其关键。通常情况下，你需要声东击西。比如说，如果边锋想要拿到球，就必须先往前跑，然后再回身接球，就像你有时为了得到长传球，会先将球回传过渡一下。或者罚角球时，在队友开出角球之前，为了将对方后卫吸引出禁区，你要先冲着球跑。

每个位置的球员，尤其是前场球员，都需要应对这类情况，它不仅会影响到跑位本身，还有其他队友对此的预期。每次跑位绝不应该是独立行为 —— 足球之美在于，每个位置的每次行动都以某种方式同场上其他位置的其他行动紧密关联。举上面关于边锋的例子，为了将球接到脚下，他先是制造出自己向前跑的情形，但如果在同一时间，他的前锋队友跟他跑到了同一个空当，这名边锋的意图就失败了。当遇到这一情况，问题本是由前锋造成的，人们却指责边锋，所以会让我感到很恼火。我已经记不清自己跟记者发生过多少次争执了，他们只盯着某一个人的动作，根本意识不到他的表现受到了其他人的连累，是队友没能跟上他的能力。特别是对边锋来说，虚实之间的相互影响非常关键。当某队人数减为 10 人，就会暴露出目前的一个严重问题。这本应是另一队的优势，但你能看到越来越多的情况是，人数占优的球队反而陷入了麻烦，因为在对手全面收缩之后，场上出现了更多空间，他们突然间不知道该怎么办了。大多数时候，他们只是在对方的防线外将球倒来倒去，形不成真正的压力。

避免这一问题的唯一途径是采取全场一对一的打法。它带来的

第一个好处是节奏更快，因为对方所有球员都将处于压力之下，他们一旦丢球，你会马上赢得空间并在人数上超过对手。在那一刻，全队都应意识到哪里出现了空当，以给多出来的球员尽可能多的机会，采取果断行动。如果照这么踢，对手是犯不起错误的，但你却可以，因为在你的防线和中场之间，你多一名球员。他必须被放在那个位置，这样拦截球的机会更多，持续向对手施压。这么踢不敢保证肯定能赢，但绝对可以给你创造出 5 次到 6 次得分的良机。

看如何让队友发挥出色，而让对手表现糟糕，这同样重要。举个例子，你可以将球传给队友的顺足，以此来帮他。这或许看起来简单，甚至无关紧要，但在一支优秀的球队里，你不太能看到一名左撇子球员要用右脚接球。类似地，如果你知道你盯防的球员喜欢从某一边过你，就调整自己的站位，迫使他用逆足带球走另一边。这些看上去都很初级，但不幸的是，即使在最高水平的球队里，球员甚至教练很少去思考这些事情。每个人都热衷于谈论风格和战术，但大多数时候却使用不当。就拿阵形来说，在我看来，它的关键不在于 4−3−3、4−4−2 还是 5−3−2，而是对打法做出调整，以便削弱你的对手，将其优势变为劣势。

让对手发挥失常的技巧主要在于你安排什么类型的球员在场上。英格兰球队通常在后场一对一防守，中后卫防空优势明显，所以同它们对阵时，你要派上一名位置飘忽不定的前锋打短传。另外，你再安排两名拖后型边锋，因为英格兰人对此不适应。你必须不断向前压，也就意味着让惯常不慌不忙摆开阵势的英格兰球员乱了阵脚。在这种局面下，其他一些事情便显现出来：球员的技术好坏之别在于灵活性。快速前压会凸显出灵活性的重要，大多数英格兰后卫这方面都有缺陷，因为在英超联赛中，当自己球队得到球权后，他们习惯于对手往后退而不是往前压。

这让我想到巴塞罗那队的非凡之处。不光是由于梅西这样的球员存在才让对手感到害怕，还有全队在无球状态下的踢法。他们一旦丢了球权，所有人都会立即集中精力，全力把球夺回来。由于距离对手的球门很近，巴塞罗那的整体队形保持得很紧凑，在抢回球权之后，能马上构成威胁。

这种高位压迫式打法也曾是荷兰足球的标志。遗憾的是，我们已经偏离了这一特有风格，这是一种耻辱，特别是因为巴塞罗那和拜仁慕尼黑队不断向我们展示它的成效。而且，这很容易做到。首先，作为球队，你只需要清楚丢球后该怎么做。它跟技术或队中拥有梅西这样的球员没多大关系，这是一种球员从小就被灌输的态度，巴塞罗那队能驾轻就熟，主要跟他们的青训有关。我在那儿当教练时就是如此，如今依然未变。罗纳德·科曼和佩普·瓜迪奥拉是两名进攻意识很强而且得分能力出众的球员，却被放在后防中间位置，看看这么做有多明智。两人都不是真正的后卫，但这么安排却十分奏效，因为防守是涉及站位、敏捷性及进攻能力的问题，假如你的球队具备这三要素，你甚至都不需要防守。

在足球中，你需要时时给对手找些小麻烦，让它偏离轨道。比如用非常规方式思考，可以将对手带出它的舒适区，正如直截了当的踢法往往可以产生漂亮足球。我们已经看到了，一个很好的例子就是丢球之后，你要变换节奏，如果你是一支攻强守弱的队，更应如此。在这样的球队里，让自己的进攻队员高位逼抢，能考验对方后卫的灵活性，增加他们传球失误的概率。在这里，进攻队员充当的是第一波后卫的角色，这种情况下的防守意味着上抢的距离只有4米到5米。还有其他许多例子来说明如何减少问题——无须通过复杂的战术介入，只需通过逻辑思考。

在这方面，我在过去几年中注意到，进攻型球队的球员通常头球能力弱。我那个年代，右边锋斯雅克·斯瓦特进了很多球，进球数对一个边锋来说异乎寻常地高，因为他可以由左向右甩头攻门，让球越过自己的右肩膀。这是一项必要的技能，尤其是当左边锋传中，前锋包抄到近门柱，右边锋跑向远门柱时。这就是为什么在这种情形下，你经常看到前锋们错失大好机会，因为他们试图向自己更顺手的方向甩头，而不是将球顶向另一边，即右边锋顶出的球越过自己的右肩膀奔向球门。后卫们也是一样，这种时候他们经常打进乌龙球。

作为足球运动员，你总是需要寻找能打击对手的办法，但他们在做着同样的事情。你一旦发现对手企图利用你的弱点，就必须能够采取应对之策。正如我上面谈到的情况一样，这里所举的事例是关于怎样减少错误的。在荷兰，我们已丧失了这种思维方式，由此落后于其他欧洲国家。简单的事越搞越复杂，我们逐渐失去了对基础技能的掌握。对球员来说，最重要的是他知道该如何使用简单的动作。我指的是传球、接球、胸部停球、使用逆足以及头球，简单说就是基本功。任何人都可以通过训练运用这些技术。

学会准确传球纯属一遍遍重复练习的问题，它或许枯燥乏味，但你打磨的是足球比赛里最基础的部分。接球也一样——做起来单调无趣，但是你会进步迅速。之后，你必须将这些基本技术同阵地战法结合起来。正是这个原因，我才在42米×28米的克鲁伊夫球场引入了六人制比赛。在某些情况下，我不介意是4人对4人、7人对7人还是15人对15人，只要能让人，尤其是孩子们踢足球，怎么都好。不过，一旦我们要真正“发展”天才，就只有6人对6

人的比赛才起作用，因为男孩和女孩们可以在潜移默化中学到“正宗”足球的基本规则。

首先，在六人制足球赛中，每队包括 1 名门将和 5 名其他位置的球员，也就意味着你可以使用 3 条线比赛。这些线之间极其紧凑，你需要传球精准才能让队友跑到位。阵容里没有自由人，因为每个人在进攻和防守时都只能跟对手一对一。这种局面下，球员能自动学会盯住自己的对手，并且为队友补位。不用告诉他该怎么做，他就学到了阵地战法。这同样适用于守门员，他不仅需要封堵对手的射门，还要替队友补防，有时还得参与到运动战中。作为街头足球比赛来说，这对 12 岁及以下的孩子来说再合适不过，而过了这个年龄之后，你可以一直拿它作为例行训练。简而言之，它迫使你在狭小空间里踢球，一对一，使用简单技术。别再想只是简单地在后场倒球，而是把球传给靠近你的队友，这能教你避免犯很多荷兰球员现在所犯的错误。

我主要是想阐明，初出茅庐的新秀们从小就熟知基本规则有多重要。他们掌握得越早，日后学到的就会越多，而且说实话，假如没打好基础，继续踢下去的意义也不大。只有这样，你才敢说自己组建起了一支理想的球队，组成它的球员不仅才华出众，而且都掌握了足球的基础原则。

我一般不愿多费心思去评选一支足球史上的最佳球队，原因很简单，多数情况下，那些最出色的球星们水平都相差无几。几乎所有退役及现役的顶尖球员，都符合跻身最高级别所需的条件，而且无一例外地天赋过人，也就是说他们换个位置踢，达到最高水平也不是什么难事。我认为马尔科·范巴斯滕踢右后卫也能成为国际水准的球星。不过，因为这是我经常被问到的话题，所以……

到了现在，我要找哪种类型的球员或许已经很清楚了，即技术出众、洞察力强、专业化程度高的球员。尤其最后一项能力，那是确保顶尖球员出类拔萃的额外天分。你必须好好加以利用，而不是让这样的天才屈从于集体。我要扭转这种情况。要是对这种才华横溢的球员的使用达到最佳效果，集体利益就会得到保障，而最重要的诀窍是人尽其才，同时组建一支出色的球队。如果能做到的话，你的球队就会因其包含的附加值而摆脱平庸。对于理想的球队，我也试图寻找一种模式，在各个方面都可以最大限度地利用天才球员的价值。不同的球员各有所长，但必须互为补充。因此，在皮埃特·凯泽尔（左）和巴西人加林查（右）这样的边锋后面，我会放博比·查尔顿（左）和阿尔弗雷多·迪斯蒂法诺（右）踢中场。两人都是顶级球星，技战术素养出色，同身体条件有机结合。由他们帮凯泽尔和加林查这样的风格大师额外做些事情再合适不过，要是反过来就行不通了。边后卫如路德·克罗尔（左）和卡洛斯·阿尔贝托（右）可以贡献他们的洞察力、技术和速度，为查尔顿和迪斯蒂法诺提供支持，防止这两名中场球员被突破。

拟定这一假想阵容时，我还想到了弗朗茨·贝肯鲍尔、佩普·瓜迪奥拉、迭戈·马拉多纳和贝利等人。贝利和马拉多纳更是绝配，因为贝利强大的责任心可以契合马拉多纳的个人英雄主义。我确信在比赛中，贝利会给迭戈一定的照应，足球运动员对这种事都有极好的感知，所以马拉多纳也会给贝利一些回馈，两人惺惺相惜。在我的理想阵容中，我要选传奇的列夫·雅辛作为门将，原因是这么多明星大腕聚在一块儿，得有个靠得住的尊长，让所有的球星都能脚踏实地，这没什么坏处。

在所有关于足球的讨论中，我刻意避免用“球员愿意跑步”这个说法或者去谈球员的耐力，特别是由于在过去几年中，这方面已彻底失控。现在有个现象，那就是要求球员多练习跑步，花在踢球上的时间自然就少了。然而真正的诀窍在于，想要利用球场空间，完成这项工作的是球而不是脚。这使得我们对每名球员的个人分析自然过渡到了球队整体表现上。技术、洞察力以及最重要的天赋存在于每个个体身上，11 个个体为了能作为一个整体顺畅运转，必须共同利用好球场空间。接下来需要的是洞察力 —— 判断自己位置的能力，使球队阵形保持紧密。每当看到各条线拉得过开，我都会异常恼火，因为这意味着球队的一部分人被迫照管巨大的区域。正确的做法当然是让球员们更为紧凑，只有这样，你才能创造一种由球完成工作的局面。那么，成功自然取决于技术，利用好球和空间很有必要，这也是为什么从理论上讲，它是世界上最简单的事。你需要洞察力让各条线保持紧密，需要技术让球高效工作，最后，需要天赋来完成任务 —— 它跟跑步无关，只管睁大眼睛踢球就行了。假如你能掌握这些，就已经掌握了全攻全守足球的精髓。

14

14 条法则

人们总跟我说我太笨，因为我从来没有完成学业，但是生活教会我的东西远比任何书本多。到头来，人生经验就是你的知识。从我见过和做过的所有事以及遇到的人中，发展出了很多事情，克鲁伊夫基金会是其中之一。基金会携手学校、体育联盟、政府、商业机构及其他合作伙伴，简单来说，它的目标是给每一位年轻人创造每天都进行运动和锻炼的机会，不用管他们的背景或能力怎样。

我为它的成功备感自豪，我甚至觉得自己从中获得的要比付出的多。坐轮椅的人经常被认为价值减损。可以想见的是，轮椅上的人并不这么看，他或她会继续坚持下去。感谢基金会帮助过的那些人，让我从未感觉自己太老了，或者什么事也做不动了。而且，我也很高兴看到这个项目给同事、志愿者、形象大使、父母，甚至整个家庭带来的动力 —— 他们都致力于做出一些成绩。我的角色主要是在那里接受鲜花和赞美，因为大部分工作都已不用我管，它本来就该如此。

我冒出这个主意是在美国居住期间，尤妮斯·肯尼迪·施赖弗邀请我担任美国特奥会的形象大使。她的组织在巴塞罗那有分支机构，加泰罗尼亚地区主席的夫人也参与其中，所以后来在我回到西班牙之后，我也有所接触。那时我能做的事情还不多，因为身为巴塞罗那队主教练，我无暇顾及其他。不过，在我不用每天都活跃在足球中时，情况有了改变。我越来越频繁地被要求向各种慈善机构捐款，事情有时进展顺利，有时不顺，我从苦涩的经历中吸取教训，跟别人交流我遇到的问题。我最终意识到，不管做什么，也不管是什么层级的事，你都需要一些帮助。这让我产生了基于自己的经验，在自己的组织内做事的想法。岳父看出我对这类领域的兴趣日渐浓厚，于是便着手张罗。

1997 年，科尔 · 科斯特帮我同儿童救济机构“人类的土地”取得了联系。该组织的工作人员首先协助我创建了克鲁伊夫福利基金会，后来，我们决定让名字更简单明了 —— 直接叫克鲁伊夫基金会。当任命一位职业经理的时机成熟后，卡罗莱 · 塔特适时地出现了。她曾是荷兰女子曲棍球队的队长，之所以联系我们，是因为她读到有关我的新抱负的报道，非常感兴趣。在那之后，我让一切都顺其自然，就像我平生经常做的那样，因为我生性好奇，更喜欢水到渠成。“人类的土地”创办了基金会，荷兰国家邮编彩票则慷慨解囊，使得我们在阿姆斯特丹奥林匹克体育场以及后来在巴塞罗那都开设了自己的办公室。事后我才意识到，我忙着做的这些新鲜事物，从各个方面都充实了我的人生。首先，正如我提过的那样，很多残疾人表现出的乐观精神总能打动我。他们开始做任何事情之前，通常不得不先退后一步。体育运动和竞技比赛是两个能以轻松方式提升意志力的事情，激励他们勇敢面对不得不参与的其他战斗。

基金会初创之时，我去过一趟印度，深受触动。我近距离目睹竟然有数百万儿童露宿街头，这一景象让人触目惊心。我这人就是这样，我当时的第一想法是："我们在这儿能做些什么？"因为我们必须做点什么。但我很快得到回应，这个巨大的问题是根本无法解决的。这种思维过程将你送回你的起始点，你意识到通过自问"你是谁，你能做什么，你要如何做"，不得不给自己设定一个个人界限。

在这种挑战背景下，我的身边最后都是一些不把我当名人看的人，相反，他们期望看到我的能力有多强，如何做到与众不同。他们推动了事情的发展，我只是尽力帮忙，从中发现了自己的短板所在。面对这样的难题，我倒是有种释然的感觉。我不得不向一帮陌生人重新证明自己，而且在我印象中，这是人们第一次不单是因为我的名气而把我当作领导者。运行了大概半年之后，我觉得基金会的结构需要改进，但我对接下来该怎么做没有真正的话语权，尤其是我发现我跟我的组织有一些分歧。不过，大家达成的共识是，我们必须对这一项目拥有更强的掌控权，变得更加自给自足，这样就不用把很多事情外包出去，创办克鲁伊夫学院和学校的构想由此产生。我们所面对的都是残疾人，还有社会上生活贫困的年轻人，通过体育和比赛来达成目标。这种情况下，实践经验远比学术知识重要。发现这类实践培训尚属空白时，我们决定自己动手做起来。最开始，你需要寻找一个榜样来立住这一想法，我对着镜子里的自己，断定我应该就是这个榜样人物。我对自己长期做的事情有着深刻的理解，不是通过学术研究，而是实践经验。

接下来，我研究了一下现有的商业培训模式，看其中是否有适合我的。结果是否定的，很显然，大学教的商业管理培训课程的角度是从董事会会议室俯瞰球场，这正是我排斥的。我只是希望，这些课程能被那些从球场仰望董事会会议室的年轻人所接受。他们必须了解董事会里的成功之道，但在足球中，洞察事情的方向则完全相反，即从球场向上思考。为解决这一问题，我们决定成立克鲁伊夫学院，向运动员、体育人和商务人士教授体育管理。我们 1999 年在阿姆斯特丹初创，如今在巴塞罗那、墨西哥、瑞典和秘鲁都有校区，网络课堂更是在全球越来越多的国家上线。

如果说是“人类的土地”帮我设立了克鲁伊夫基金会，克鲁伊夫学院的成立则完全基于我自己的想法，这要感谢我的女婿托德·比恩。托德对此劳苦功高，特别是刚开始时，似乎所有事都不顺，跟每个人都存在重大分歧，同各种教育机构、各个政府部门做斗争。在学术方面，一切也都要进行彻底调整。球员们没法来学校，意味着学校必须到他们那里去，这就解决了运动员想要充实自己所面临的最大问题之一。以 2014 年 1 月在索契举行的冬奥会为例，学院的考试通常安排在 11 月，但我们约定好，运动员们先去参加冬奥会，然后在 2 月回来考试。我跟一些学生说：“冬奥会之后，我们会让你们经受考验，但先去尽力争夺奖牌。”所有这些都表明，对克鲁伊夫学院来说，竞技场上的表现要比考试时间表更重要，因为它基于一种理念，即这是运动员最大限度展现自己的方式。他或她知道，比赛之后，他们必须全身心投入学业。俗话说，布丁好坏，一吃便知。在取得奖牌及优异的考试成绩两个方面，克鲁伊夫学院的运动研究专业有着超乎寻常的高成功率。

我们举办的教练高级讲习班同样如此。这个项目最重要的目的之一，是让教练们首先对自己有很好的了解，所以说，它不仅仅是讲师熟悉自己科目的问题，也事关他们了解自己多少，清楚自己有多少斤两，能做什么。只有先分析好自己，才能去分析别人，否则你总会用自己的标准分析其他人，而事实上你应该用他们的。你必须达到这样一个阶段：为了判断他人，你能跳出自己的窠臼，而不是凭个人经验得出结论。这对学生没什么帮助，它是你的成见，不是他们的。运动员是最为重要的，但当教员从完全不同的角度看待事情时，问题就会随之而来。

作为教练，我们的工作是调整培训流程，让运动员受益，但这往往与现实产生冲突。这不是对常规教学工作提出批评，但运动员经常因必须遵循上面规定的课程而束手无策。另一方面，对我们来说，扭转这一局面是一种冒险。在制订课程计划时，我们询问运动员他们想了解什么，我们在教学中应该解决哪方面的问题。真想不到，我们的很多老师都觉得这种学习方式非常棒。像我们做的那样，调整体育管理的硕士学位及教练课程无疑是最基本的——但我们现在需要全面革新体育培训的整个方式。这种做法正在逐步奏效，体育界的人们开始从球场向董事会会议室思考问题，而不是反过来。我坚信，朝此方向发展的事情越多，对体育的管理就会越好，我们也将取得更好的成绩。

克鲁伊夫学院的发展方兴未艾，重要的是，它的在线培训课程也在壮大，已遍布世界各地，惠及很多名牌大学中成千上万的学生和社团，以及很多足球俱乐部和协会。它在荷兰也持续增长，先是克鲁伊夫大学提供研究生课程，后来是克鲁伊夫学院提供职业培训。当我回头来看，这清楚地表明，这些学校的创办是由于我们解决了基金会内部的问题，决定由我们自己来培训人才。正因如此，我的女儿苏西拉在克鲁伊夫基金会的董事会中任职多年，这种感觉真的很好，因为她思考问题及感知事物的方式跟我如出一辙。这让我对未来感到安心，因为它已经真正成为我想要的东西，即使我不在了，它也能继续发展下去。

克鲁伊夫基金会目前在荷兰由尼尔斯·迈耶负责运营，他曾是荷兰男篮国手，我们通过克鲁伊夫大学快速掌握了他的情况，确定由他接替卡罗莱·塔特。卡罗莱一路走来，我认为她接棒我做全面管理的时机已经成熟，这是我们从内部解决自己问题的又一事例。现在，卡罗莱把我所有的活动都纳入“约翰·克鲁伊夫世界”的伞式组织中，除了基金会和学校，还包括克鲁伊夫经典、克鲁伊夫足球和克鲁伊夫图书馆。将近20年前为残疾儿童创办的这些边缘项目，如今已发展成为一个活动数量惊人的组织。

克鲁伊夫球场是从各种经历中提炼出来的另一个想法。最开始是六人制比赛，接着是阿隆·温特的告别赛“温特舞会”—— 在阿姆斯特丹音乐厅的人工草皮上踢了一场比赛，赛后，这块草皮被捐赠给了温特的家乡莱利斯塔德。这一举动引起了巨大反响，我们意识到，过去在街区和社区随处可见的踢球场地已被城市的发展所吞噬。所以我们决定做些什么。2003年在荷兰最好的音乐厅发起的事情，到2016年已发展为分布在全世界的208块迷你球场。一个意外之喜是很多球场都由球员赞助，正因如此，每年的荷兰足球先生约翰·克鲁伊夫奖得主可以选择一块克鲁伊夫球场用其名字命名，这在我看来非常特别。通过这种方式，我试图赋予那些最有天赋的球员一种不同的责任，他们甚至在年轻时就已经成为榜样。

近来，我们遇到了为克鲁伊夫球场寻找合适地点的问题，特别是在荷兰，由于国家不大，没有多少未被利用的空地了。最后我们恍然大悟，有一个地方是年轻人每天必去的，那就是学校。我们前去考察了几所我们认为可能受益的学校，发现学生们在学校里最常冷落的地方是运动场。我们同孩子们和学校员工交流，设法让运动场变得更有吸引力。这就是我们创建“14操场”的初衷，基本想法是在学校附近开发一个地方，孩子们随时能在那里玩耍、运动。截至目前，有太多学校都想参与其中，各种申请让我们应接不暇，但无论如何我们要解决这一问题，因为这是必须做的。

有的学校更进一步，以此项目为基础，组织不同形式的比赛，还同其他学校进行对抗赛。让孩子们动起来不仅降低了患糖尿病或肥胖症的可能性，还帮助上班族父母解决了孩子照看问题。父母们在学校开门前就可以放下孩子，而孩子们上课前可以运动半小时，这样所有人都是赢家。这再次证明，逻辑思维可以给复杂且长期存在的问题提供简单的解决方案。这正是它在体育中所起的作用。我常说，踢简单的足球是最复杂的事情，但假如你具备基本素养——基础技术，你便总能有更出色的发挥。这就是体育世界是最美丽的世界之原因所在。唯一的问题在于，足球现如今掌握在一些从未踢过球的人手中，情况已是糟糕透顶，我们好像都在等着它崩盘，以便从头再来。

闯荡体坛的经历给了我丰富的知识储备用以分享，我把学到的一切都倾注于克鲁伊夫基金会，让其他人从我的经验中受益。允许孩子们使用这种开放性的体育设施在美国司空见惯，而欧洲则不同，孩子们如果想参加体育运动，只能通过俱乐部进行。这就是为什么我会对古斯·希丁克怀有极大敬意，在他担任荷兰国家队主帅期间，他把我们教的各种内容汇总起来，通过荷兰足协组织的短期教练课程传授给前国脚们。他任命弗兰克·里杰卡尔德和罗纳德·科曼为自己的助理教练，让他们也参加课程学习，而不必学上4年。1998年世界杯，荷兰队闯入了四强，在那之后他们领到了自己的证书。这一方法绕过了漫长的行政程序，让这些优秀的球员继续做他们最擅长的事情，也就是教球员如何踢球。后来，菲利普·科库和弗兰克·德波尔也从这同一项目获益。我们要想改变体育中的传统思维定式，古斯这样的人尤为关键。他们永远不会忘记去观察场上的比赛，即使坐在董事会会议室里也不会。

这一理念不光适用于足球：2012 年奥运会期间，塞巴斯蒂安·科让我对他肃然起敬。看到有人教人们自下而上从田径跑道向董事会会议室思考问题，这极具吸引力。科对自己了解什么、能力如何有着敏锐的感知力，同时也清楚哪些方面还需要改进。看过科在伦敦做出的成绩之后，受他之邀出席残奥会是一份巨大荣耀。那是一次难以忘怀的经历，我们能够利用培训课程，给很多克鲁伊夫基金会赞助的残疾运动员参加 2016 年里约残奥会提供一些经验。我们经常抱怨体育中危机四伏，但在伦敦，我看到运动员们尽管身体残疾，但他们都在比赛中竭尽全力，努力做到更好。这些残疾运动员是我真正的榜样。他们展示了如何携手才能改善处境，你做任何事都不能单打独斗，必须齐心合力。我希望我参与的所有项目之间都能有这种联系，就跟克鲁伊夫球场同“14 操场”所做的一样。通过加大重视学校中的体育课，政府可以起到推动作用。我还会更进一步：体育应该成为必修科目。这将惠及每个人，因为如果人们都能活得更健康，会给政府省下大笔资金。由于年轻人活动得越来越少，糖尿病有成为流行病的危险。现如今，孩子们每天除了坐在教室上课，回家做家庭作业，还要在电脑或电视前花上好几小时，而不是到户外四处疯跑。我们都必须全力以赴引导孩子，不光让他们清楚自己的行为有损健康，同时还要给他们提出解决办法。

在这方面，我可能是理想主义者，不管是涉及足球、基金会还是学校，我总是尽力以积极的态度去做，最重要的是明确没有什么是不可能的。这是我从学校的宗教课上学到的东西，我是个信徒，但并没有任何宗教信仰。对我来说，它更多的是一种思行方式，而不是严守哪个信仰的具体教义。归根结底，这是一个哲学问题。基督教有十诫可循，而我个人有14条法则，我将之归为根本智慧。你如何对待他人，又如何帮助他们？就这点而言，有些法则是指导你一系列行为的重要方式，避免走极端。比如你受到已把问题解决的人的影响，思考如何实现某个目标，怎样可以做得更好，还能增加哪些额外的东西。

我曾读过一篇关于修建埃及金字塔的文章，研究发现，它的有些数字同自然规律——月亮在特定时间的位置等完全吻合。这让你陷入思考：那些古代的人们怎么可能会建成如此科学又复杂的建筑？尽管我们总是认为自己要比前人先进得多，但他们一定拥有我们不具备的东西。比如伦勃朗和梵高，如今有谁能跟他们比肩？这样想的时候，我越来越坚信一切皆有可能。如果人们近5000年前设法完成了不可能完成的任务，我们今天为什么不能做呢？这个道理也可以运用到足球中，还有克鲁伊夫球场和学校操场这样的项目。

我的14条法则适用于每块克鲁伊夫球场、每个学校操场，它们让年轻人明白，体育和比赛同样可以转化到日常生活中。想要它们起作用，你无须懂高等数学，因为只要你跟同事合作，它就会出现。手里端杯葡萄酒思考一下：自己尚未完全做到，哪条还有欠缺。从事这样的运动总能给我一种美妙的感觉。

约翰·克鲁伊夫14条法则

1. 团队精神——要想完成任务，大家必须一起干
2. 责任——把事情当作自己的事来处理
3. 尊重——彼此尊重
4. 包容——让其他人融入你的活动中
5. 开创性——敢于尝试新事物
6. 指导——在团队中始终要互相帮助
7. 个性——做你自己
8. 社会融入——沟通在体育和生活中都至关重要
9. 技术——掌握基本技能
10. 战术——知道如何去做
11. 发展——体育强身练志
12. 求知欲——每天尽力学习新东西
13. 配合——任何比赛必不可少的组成部分
14. 创造力——把美丽带给这项运动

我经历的同阿贾克斯和巴塞罗那之间的冲突让我领悟到，生活有时会发生奇怪和意想不到的转变。这就是为什么我会坦然接受，而且我的家庭扮演着核心角色。尽管经常搬家，但我们家人始终维系着紧密的关系，使我在最艰难的日子里能保持清醒。我很感激能得到始终如一的支持，特别是来自妻子丹妮的，事实上在荷兰、西班牙和美国，我对自己做的一切都有清晰的认识。丹妮、3个孩子、3条狗、1只猫，不管我最后住在哪里，我们都在一起，这始

终让我感觉就像在家一样。所以说，没必要再问我如果 1987 年没有离开阿贾克斯，将会怎么样。看着我出生在西班牙的孙子孙女们，看到孩子们在巴塞罗那过得有多开心，我更清楚地认识到一切都是最好的安排。

但我还是会想念荷兰。它有优点也有不足，我依然为我的祖国骄傲。它或许不大，但浓缩的都是精华。在世界其他任何地方，你都不会看到每平方米有这么多跨国公司。就连纽约过去也归属于我们，后来才把它卖了。另一方面，我们并不总是最友善的人，我也是这社会的产物，如果你需要跟人抱怨什么事情，找我就对了！但最重要的是，荷兰人是独一无二的，我会一直对子孙后代们这么讲。

由于我所过的生活，尚塔尔、苏西拉和约尔迪显然不会拥有正常的童年。我的名气也给家人带来了压力，每当我踢了一场好球，无论是球场看台还是学校操场都会奉我为国王，但假如我表现糟糕，我的孩子们就会受到牵连。但我始终承诺，不管踢得好还是差，我都不会改变父亲的身份，我永远都是那同一个爸爸。这就是为什么我会对丹妮满怀感激，她从小受的教育都是生活要简朴平淡，她也确保我们的孩子接受正确的价值观。过圣诞节时，我们都会让自己的孩子给生活贫困的孩子购买礼物，每年在给家人包好礼物放在圣诞树下之后，他们再把自己的包裹送到不同的儿童之家。丹妮是这个以及其他行动的幕后智囊，诸如此类的事情帮助孩子们保持脚踏实地。我们还教育子女要始终遵从自己的情感，因为采纳自己的意见很重要，特别是经过深思熟虑之后做出的决定。是的，不管是成功还是失败，有时是鲜花有时是板砖，你都要学会泰然处之。

结束球员生涯之后，我儿子约尔迪已经进入人生新阶段。有意思的是，我发现他也很固执，因此犯了一些错。我们彼此坦诚相待，什么话题都讨论，但大主意总是他自己拿。丹妮为我提供了我时时需要的平衡，对此我心存感激。她弥补了我忽视的一切，而这些事情于我的处境、身边的圈子都很重要。所以在我回家后，会发现花瓶里插着一束花。尽管不是我自己买的，但当我打开房门，看见鲜花、闻到花香的感觉妙极了。我认为这样的基础行为非常重要，一种永远不会发生倾斜的平衡。

在孩子方面，我们总是让他们自己选择从事的运动项目。有人踢足球，也有人骑马。三人中，大女儿尚塔尔或许能力最全面，但我认为她的运动员属性是最弱的。进行越野跑、游泳或其他运动时，她的成绩名列前茅，但一旦有人提到训练，她便没兴趣了解了。相反，苏西拉的纪律性更强，她在马术超越障碍赛这个项目上已经达到了很高的水准。她过去能跨过 1.45 米的障碍，那真的非常高了。她开始练骑马是我们从美国回到阿姆斯特丹之后，搬到巴塞罗那后，她更是取得了长足的进步，差一点入选西班牙奥运代表队。她甚至跟英国顶尖骑手迈克尔·惠特克一起训练过，两人现在偶尔还有联系。但就在她准备向目标迈出最后一步时，她膝盖骨的支撑肌肉出了问题。这让人既懊恼又伤心，但苏西拉仍狂热地爱着骑马。尚塔尔的儿子在一定程度上接替了她，他现在能越过 1.4 米。

至于足球，我将接力棒传给了约尔迪。我不知道约尔迪是否也会这样传给我的孙子，但他们都具有必要的性格，技术方面也极为出众。所以说谁知道呢？他们还有很长的路要走，前路漫漫。

我的孩子们都成长为了性格坚强的人，他们努力打拼，能讲外语——尚塔尔懂7种语言，有了自己的事业。尽管我们作为一家人联系密切，但都会给彼此留出空间。为了忙自己的事，每个人都经常满世界飞，但不管在哪儿，我们始终都保持联系。我现在的孙辈有8人，6个男孩和2个领养的女孩。能够了解他们所有人，我感觉很幸福，那是一种跟父亲一样美好的体验。尽管我们是隔辈人，但我觉得他们就是我的孩子。当我站在远处看着他们时，我看到的是蒸蒸日上的人生，这让我幸福感爆棚，我知道所有的付出都值了。如果有人要我列出一生中最美妙的事情，我会回答是我妻子、孩子和孙子孙女们。感谢他们让我觉得自己很富有，极其富有。

我活了一辈子，按理说可以回头看看了。说真的，我这一生跌宕起伏，感觉自己就跟已经活了一百年似的。我生活得很真实，从孩提时代起，我便坦然接受包括挫折和美好在内的所有事物。我知道挫折并不总是由错误导致的，受挫可能是提醒你需要做出调整的信号。如果你能这么去想，一切经历都可以转化为积极因素，丰富你的人生阅历。你可以学会失望，但永远不要悲伤。幸运的是，我克服了所有挫折。这也不是偶然发生的。我喜欢冲锋在前，不惧怕任何人，而且我习惯于创造新事物。这就是我从不感觉羞愧的原因。即使在那个养猪场项目上损失了数百万美元，我也不觉得羞愧，因为我很快就发现自己有多愚蠢。毕竟，一个擅长踢球且对足球了如指掌的人岂能一下子就成了养猪专家？如果你敢于从镜子中审视自己，只要你从中吸取教训，只要你有效利用错误，沿着自己的路走下去，你就没必要羞愧。接下来就是你雪耻的问题了，所幸，我在这方面一直都很在行。

人生路上，我得到了很多贵人相助。这听起来有些不可思议，但由于我非比寻常的生活经历，我什么人都能接触到。我最早结识的人之一是工程师弗里茨·飞利浦，以他名字命名的电子公司的主席。安东·德雷斯曼（荷兰最大的连锁百货商店 V&D 的创始人）是另一位我随时可以给他打电话的人。同样的还有阿迪达斯的霍斯特·达斯勒，我俩见面聊聊天，他跟我讲解一些我不了解的事情。前基础设施和环境部大臣彼得·温斯米厄斯也是如此，我跟他一直相处得很好，他不是站在自己的立场上同我交流，而是基于他的专业知识。克鲁伊夫基金会的顾问之一莱恩·霍兰德具有同样的品格。还有国际奥委会前主席胡安·安东尼奥·萨马兰奇，他一直居住在巴塞罗那。这些人都有能力即兴发挥，更重要的是毫不自负，他们也是各自专业领域的翘楚。

这跟我遇到的那些据说很重要的人形成了鲜明对比，我常常为他们的极端自负震惊不已。有的人性情直爽，有话就说，有的人则自命不凡，固执己见，这是两类人的巨大区别。对此我深有体会。在足球领域，没有人比我更懂技战术和青训，那你为什么还要跟我争辩？这毫无意义，你只会把事情搞砸，所以听我的就是了，你能从中受益。如果连这个道理都不明白，你哪来那么大的自负？好在我常听身边特殊人物的意见，他们把我带到了正确的方向。

我同样也是能跟知己推心置腹的人。了解我的人都知道，友情对我来说非常重要。从 5 岁起，我就认识了自己最好的朋友罗尔夫·赫罗特波尔。我们在一起时，我是约菲，他是多伊。小时候，人们都叫我约菲，叫他多伊——“死小子”（译者注：Dooie 在荷兰语中为“死去”之意），因为他从没说过任何话，但我们彼此心有灵犀。这么多不同类型的人都对我有着重要意义，我也很高兴自己还能跟年轻人聊得来。看起来，我在紧跟时代步伐这方面做得相当不错，这很大程度上要感谢新技术的发展，让我可以充分利用。

没有什么属于真正完善成型的东西，这就是为什么创造性地思考、不断进取如此重要。当然，这并不意味着所有的想法都是好的，但你可以抛砖引玉，激发其他人继续完善。假如你放在心里不说，就什么也不会发生，完全不会。如果你总是被迫按照高层的思维方式思考，一切都会照旧。在我看来，没有任何发明是由一个人单枪匹马完成的。我认为在发明电灯时，托马斯·爱迪生手下还有一帮能力极强的人。这就像做计算，单个数字组合起来才能得出某个结果。一切都要从各种小的输入开始，从来不会直接完成。

全攻全守足球与此无异。球员首先得各有所长，再把他们捏合成一个整体。重要的秘诀是要看到这种潜在的默契，并且加以利用。

如今在体坛内外，这是那些身居要职的人的最大缺陷，他们根本看不见自己需要看的东西，因为他们看到的只有自己。假如同这样的人共事，你可能会是负责人，但你的权力极为有限。我知道自己在说什么，因为我足够幸运，成长于一个变革的时代。披头士、留长发、反抗习俗、“权力归花儿”、自由选择，过去50年间发生的数量惊人的事情，都能从这个时代找到根源——通过音乐，也通过体育。想想披头士乐队对乐坛乃至整个社会的推动作用，这些都跟学术研究毫不沾边。

现在情况又有了变化。由于机器替我们思考得越来越多，人的创造力正在遭受威胁。以足球为例，很多顶尖球星在社交媒体上都拥有成千上万名粉丝，这让人心情愉悦，也很特别。如果谁有那么多粉丝，那是因为人们对他感兴趣，或许也想向他学习，所以才关注他。同时，拥有那么多粉丝的人也必须不断学习，但是，被关注的人又该关注谁呢？或者是，就跟现在有些人为了出名而出名，他们是否只是热衷于被关注？到头来，这种名气变成了生活中的累赘。这就是为什么科尔·科斯特、霍斯特·达斯勒、彼得·温斯米厄斯以及其他很多人都对我如此重要，他们不仅帮助我避免犯错，还帮助我从不同的角度去思考。这意味着我可以继续发展自己的足球事业，在一定程度上，它带给我的满足感至少跟做球员和教练时一样多。

曾有人问我，希望自己百年之后以何种方式被人记得。幸运的是，我不必为此太过担忧，因为到那时我已经不在了。但如果非得回答，我会说把我“当成一个有担当的体育人”。要是单纯以球员来评价我，我的人生只被定义在一个15年到20年的阶段，坦率地讲，我认为那远远不够。上帝赐予了我足球天赋，我什么都不用做便拥有了它。这只是说我踢了一点足球，做了自己想做的事，其他人说他们要去上班，而我则是去踢球罢了。所以从这方面来说，我已经很幸运。正因如此，我做的其他事情在我一生中要占据更大的分量。无论是做球员、当教练，还是后来做的一切，我并非总能被理解。但无所谓了，伦勃朗和梵高也不被人理解。从中你会明白：你如若不是天才，人们就会一直不停地烦扰你。

后　记

来自约翰·克鲁伊夫诺坎普追思会

2016年3月24日星期四，我的父亲与世长辞，他走时，家人都陪伴在身旁。他的遗愿是要保持绝对的私密性，所以只有很少的家族成员出席了他的葬礼。约翰明确表示，他希望一切从简，尤其是要以私人形式进行。

但我们家人意识到，约翰并不只属于我们，他属于每个人。所以，非常感激巴塞罗那俱乐部给予我们的支持，以及在体育场举行的这个悼念仪式。借此机会，我们今天可以公开感谢医生、医院，还有在我父亲生命中最后几个月对他悉心照料的所有人。

现在我们知道了，同大家分享失去约翰的感受是多么明智的决定。你们所表现出的爱和尊重非常特别，谢谢你们给我们家人带来的力量。

对于每个人都愿意尊重我们的隐私，我们备感自豪和开心。我们能够理解，拥有一个名人父亲，这一点有时很难实现。在这方面，我们要再次感谢巴塞罗那俱乐部，每件事他们都同我们家人协商，充分考虑我们的愿望。所以，约翰生前最后一次签名是签署他的基金会同巴塞罗那俱乐部的合作协议，这更加让人觉得高兴。

我无法充分表达父亲对此有多骄傲。他热爱阿贾克斯、巴塞罗那和荷兰国家队，但基金会是他特殊的孩子，生命的最后几年，他把自己全部的精力和注意力都倾注于此。正是这个原因，我们作为家人也将尽一切努力尊重他的价值观和愿望，每天都能落到实处。

约翰属于每个人，是很多人的动力之源。这也是他应该被后人铭记的方式。

约尔迪·克鲁伊夫

2016 年 3 月 29 日

克鲁伊夫生平

球员时期

俱乐部经历

1964—1973　阿贾克斯（319 场，253 球）
1973—1978　巴塞罗那（184 场，61 球）
1979　洛杉矶阿兹特克（27 场，14 球）
1980—1981　华盛顿外交官（32 场，12 球）
1981　莱万特（10 场，2 球）
1981—1983　阿贾克斯（52 场，20 球）
1983—1984　费耶诺德（44 场，13 球）

国家队经历

1966—1984　荷兰（48 场，33 球）

冠军荣誉

阿贾克斯　荷甲 1966，1967，1968，1970，1972，1973，1982，1983
荷兰杯 1967，1971，1972，1983
欧洲冠军杯 1971，1972，1973
欧洲超级杯 1972，1973
洲际杯 1972
巴塞罗那　西甲 1974；国王杯 1978
费耶诺德　荷甲 1984；荷兰杯 1984

教练时期

1985—1988　阿贾克斯（荷兰杯 1986，1987；欧洲优胜者杯 1987）
1988—1996　巴塞罗那（西甲 1991，1992，1993，1994；国王杯 1992；欧洲冠军杯 1992；欧洲优胜者杯 1989）
2009—2013　加泰罗尼亚

个人荣誉

1971　金球奖
1973　金球奖
1974　金球奖，世界杯最佳球员

大事记

1947 （4 月 25 日）生于阿姆斯特丹

1957 （4 月）加入阿贾克斯少年队

1959 （7 月 8 日）父亲去世

1964 （11 月 15 日）迎来阿贾克斯一线队首秀，并攻入处子球，阿贾克斯 1 比 3 不敌格罗宁根

1965—1966 首次上演帽子戏法，整个赛季攻入 25 球；阿贾克斯夺得荷甲冠军

1966 （9 月 7 日）1968 年欧洲杯预选赛，在同匈牙利的比赛中首次代表荷兰国家队出场并攻入一球，两队 2 比 2 战平

1967 （11 月 6 日）成为第一位吃到红牌的荷兰国脚

1966—1967 以 33 球成为联赛最佳射手，获评荷兰足球先生；阿贾克斯夺得荷甲和荷兰杯双料冠军

1967—1968 当选荷兰足球先生；阿贾克斯实现荷甲三连冠

1968 （12 月 10 日）与丹妮·科斯特完婚

1969 （5 月 28 日）阿贾克斯在欧洲冠军杯决赛中 1 比 4 不敌 AC 米兰

1970 伤愈复出后改穿 14 号球衣，在之后的职业生涯中都身披此号码

1970 （11 月 29 日）在 8 比 1 击败阿尔克马尔队的比赛中，一人攻入 6 球

1971 当选荷兰足球先生和欧洲足球先生；（6 月 2 日）阿贾克斯 2 比 1 战胜帕纳辛纳科斯，历史上首次夺得欧洲冠军杯；与阿贾克斯续约 7 年

1972 （5 月 31 日）包揽 2 粒进球，帮助阿贾克斯 2 比 0 击败国际米兰，第二次赢得欧洲冠军杯；阿贾克斯夺得洲际杯

1973 （5 月 30 日）阿贾克斯 1 比 0 击败尤文图斯，荣膺欧洲冠军杯三连冠

1973 （8 月 19 日）在阿贾克斯效力的第一段时期，最后一次代表球队出场，后以约 200 万美元的世界第一身价转投巴塞罗那

1974 （2 月 9 日）儿子约尔迪降生；佛朗哥统治时期，“约尔迪”的名字在西班牙被认为非法，故只能在阿姆斯特丹完成出生登记

1974 （2 月 17 日）巴塞罗那在伯纳乌 5 比 0 痛击皇家马德里，并最终自 1960 年之后首次赢得西甲冠军

1974 率荷兰队进入世界杯决赛，1 比 2 不敌联邦德国；被评为本届杯赛最佳球员；在同瑞典队的小组赛中，“克鲁伊夫转身”首次亮相

1974 （12 月）当选欧洲足球先生

1977 （10 月）退出国家队

1978 （4 月 19 日）巴塞罗那 3 比 1 战胜拉斯帕尔马斯夺得国王杯

1978　荷兰队再次进入世界杯决赛，经过加时赛后 1 比 3 不敌阿根廷；克鲁伊夫没有参加这届世界杯

1979　在克鲁伊夫的倡议下，巴塞罗那俱乐部创建了拉玛西亚青训营

1979　转会到洛杉矶阿兹特克队；当选北美足球联赛年度最佳球员

1980　转会到华盛顿外交官队

1980　（11 月）作为技术顾问重回阿贾克斯，当时球队联赛排名第八，至赛季末位列次席

1981　转会莱斯特城失败后，转而加盟莱万特

1981—1982　以球员身份签约阿贾克斯；阿贾克斯获得荷甲冠军

1982—1983　阿贾克斯夺得荷甲和荷兰杯双料冠军

1983—1984　阿贾克斯俱乐部拒绝提供新合同，于是转投死敌费耶诺德；费耶诺德获得荷甲和荷兰杯双冠王

1984　第五次当选荷兰足球先生

1984　（5 月 13 日）正式退役

1985　（6 月）以技术总监（实为主教练）身份回到阿贾克斯

1985—1987　阿贾克斯连续两个赛季夺得荷兰杯

1987　（5 月 13 日）阿贾克斯 1 比 0 击败莱比锡火车头夺得欧洲优胜者杯

1988　（夏天）成为巴塞罗那队主教练

1989　（5 月 10 日）巴塞罗那 2 比 0 战胜桑普多利亚赢得欧洲优胜者杯

1990　（4 月 5 日）巴塞罗那夺得国王杯

1991　（2 月）接受心脏搭桥手术，搭了两根桥

1992　（5 月 20 日）巴塞罗那经过加时赛 1 比 0 击败桑普多利亚，夺得欧洲冠军杯

1993　（2 月 /3 月）巴塞罗那总比分 3 比 2 战胜不来梅，获得欧洲超级杯

1991—1994　巴塞罗那连续四个赛季夺得西甲联赛冠军

1996　（4 月）被巴塞罗那俱乐部解职

1997　成立克鲁伊夫基金会

1999　被评为 20 世纪欧洲最佳球员；在 20 世纪世界最佳球员的评选中，位居贝利之后排名第二

1999　创办克鲁伊夫学院

2004　入围国际足联百年百大球星

2009　第 100 块克鲁伊夫球场揭幕

2015　（10 月）被确诊为肺癌

2016　（3 月 24 日）在巴塞罗那去世，享年 68 岁

图片鸣谢

Page 1 top and page 2 courtesy of Cruyff Management

Page 1 bottom, page 4, page 7, page 13 top, page 14, page 15 top

© VI Images via Getty Images

Page 3, page 9 and page 12 bottom © Hollandse Hoogte/REX/Shutterstock

Page 5 top © AGIP/Bridgeman Images

Page 5 bottom © Peter Robinson/EMPICS Sport

Page 6 top © AP/Press Association Images

Page 6 bottom © Allsport UK/Allsport

Page 8 top © Bettmann/Getty Images

Page 8 bottom © Bob Thomas/Getty Images

Page 10 © EFE/PA Images

Page 11 © Colorsport/REX/Shutterstock

Page 12 top © De Telegraaf/Jan Stappenbeld

Page 13 bottom © Giuliano Bevilacqua/REX/Shutterstock

Page 15 bottom © Koen van Weel/AFP/Getty Images

Page 16 top © Olaf Kraak/AFP/Getty Images

Page 16 bottom © Julian Finney/Getty Images